中国共产党的历史使命与行动价值

中共中央宣传部

人民出版社

目　　录

前　　言

中国共产党自诞生以来,已经走过了 100 年奋斗历程。

这 100 年,是人类社会充满动荡和剧变的 100 年,既有生产力极大发展、社会空前变革、人类文明巨大进步,也有战乱频仍、生灵涂炭、人类文明遭受极大破坏。

这 100 年,中国发生沧桑巨变,换了人间。产生这一巨变的根本原因,在于有了中国共产党。

中华民族是世界上伟大的民族,有着 5000 多年源远流长的文明历史,为人类文明进步作出了不可磨灭的贡献。1840 年鸦片战争以后,中国逐步成为半殖民地半封建社会,国家蒙辱、人民蒙难、文明蒙尘,中华民族遭受了前所未有的劫难。中国人民始终不屈不挠、奋力抗争,在救亡图存的道路上一次次失败、一次次求索。

十月革命一声炮响,给中国送来了马克思列宁主义。马克思列宁主义在中国的传播,促进了中国人民的伟大觉醒,催生了中国共产党,点亮了中华民族的复兴之光。

1921年，中国共产党成立。这是开天辟地的大事变，深刻改变了近代以后中华民族发展的方向和进程，深刻改变了中国人民和中华民族的前途和命运，深刻改变了世界发展的趋势和格局。在伟大建党实践和百年奋斗实践中，党形成并弘扬坚持真理、坚守理想，践行初心、担当使命，不怕牺牲、英勇斗争，对党忠诚、不负人民的伟大建党精神，鼓舞和激励中国共产党人拼搏奋斗、砥砺前行。

作为马克思主义政党，中国共产党摆脱了以往一切政治力量追求自身特殊利益的局限，一经诞生就把为中国人民谋幸福、为中华民族谋复兴确立为自己的初心使命。它像光芒四射的灯塔，指明了中国人民前进的道路和方向。

100年来，中国共产党从成立之初的50余名党员，发展成为拥有9500多万名党员、领导着14亿多人口大国、具有重大全球影响力的世界第一大执政党，在最大的社会主义国家执政70多年，领导人民开辟了实现民族复兴和国家现代化的正确道路，得到了中国人民最广泛的支持和拥护。

100年来，中国共产党团结带领人民进行的一切奋斗、一切牺牲、一切创造，归结起来就是一个主题:实现中华民族伟大复兴。以毛泽东、邓小平、江泽民、胡锦涛、习近平同志为主要代表的中国共产党人，把马克思主义基本原理同中国具体实际相结合、同中华优秀传统文化相结合,在实现中华民族伟大复兴的道路上不断取得胜利。

为了实现中华民族伟大复兴,中国共产党团结带领中国人民,浴血奋战、百折不挠,创造了新民主主义革命的伟大成就。党团结带领人民,经过北伐战争、土地革命战争、抗日战争、解放战争,以武装的革命反对武装的反革命,推翻帝国主义、封建主义、官僚资本主义三座大山,建立了人民当家作主的中华人民共和国,实现了民族独立、人民解放。新民主主义革命的胜利,彻底结束了旧中国半殖民地半封建社会的历史,彻底结束了旧中国一盘散沙的局面,彻底废除了列强强加给中国的不平等条约和帝国主义在中国的一切特权,为实现中华民族伟大复兴创造了根本社会条件。中国共产党和中国人民以英勇顽强的奋斗向世界庄严宣告,中国人民站起来了,中华民族任人宰割、饱受欺凌的时代一去不复返了。

为了实现中华民族伟大复兴,中国共产党团结带领中国人民,自力更生、发愤图强,创造了社会主义革命和建设的伟大成就。党团结带领人民,进行社会主义革命,消灭在中国延续几千年的封建剥削压迫制度,确立社会主义基本制度,推进社会主义建设,战胜帝国主义、霸权主义的颠覆破坏和武装挑衅,实现了中华民族有史以来最为广泛而深刻的社会变革,实现了一穷二白、人口众多的东方大国大步迈进社会主义社会的伟大飞跃,为实现中华民族伟大复兴奠定了根本政治前提和制度基础。中国共产党和中国人民以英勇顽强的奋斗向世界庄严宣告,中国人民不但善于破坏一个旧世界、也善于建设一个新世界,只有社会主义才能救中国,只有社会主义才能发展中国。

为了实现中华民族伟大复兴,中国共产党团结带领中国人民,解放思想、锐意进取,创造了改革开放和社会主义现代化建设的伟大成就。党团结带领人民,实现新中国成立以来党的历史上具有深远意义的伟大转折,确立党在社会主义初级阶段的基本路线,坚定不移推进改革开放,战胜来自各方面的风险挑战,开创、坚持、捍卫、发展中国特色社会主义,实现了从高度集中的计划经济体制到充满活力的社会主义市场经济体制、从封闭半封闭到全方位开放的历史性转变,实现了从生产力相对落后的状况到经济总量跃居世界第二的历史性突破,实现了人民生活从温饱不足到总体小康、奔向全面小康的历史性跨越,为实现中华民族伟大复兴提供了充满新的活力的体制保证和快速发展的物质条件。中国共产党和中国人民以英勇顽强的奋斗向世界庄严宣告,改革开放是决定当代中国前途命运的关键一招,中国大踏步赶上了时代。

为了实现中华民族伟大复兴,中国共产党团结带领中国人民,自信自强、守正创新,统揽伟大斗争、伟大工程、伟大事业、伟大梦想,创造了新时代中国特色社会主义的伟大成就。党的十八大以来,中国特色社会主义进入新时代,党团结带领人民,坚持和加强党的全面领导,统筹推进"五位一体"总体布局、协调推进"四个全面"战略布局,坚持和完善中国特色社会主义制度、推进国家治理体系和治理能力现代化,坚持依规治党、形成比较完善的党内法规体系,战胜一系列重大风险挑战,实现第一个百年奋斗目标,明确实现第二个百年奋斗目标的战略安排,党和国家事业取得历史性成就、发生历史性变革,为实现中华民族伟大复兴提供了更为完善的制度保证、更为坚实的物质基础、更为主动的精神力量。中国共产党和中国人民以英勇顽强的奋斗向世界庄严宣告,中华民族迎来了从站起来、富起来到强起来的伟大飞跃,实现中华民族伟大复兴进入了不可逆转的历史进程。

2021年7月1日,习近平总书记在庆祝中国共产党成立100周年大会上庄严宣告:"经过全党全国各族人民持续奋斗,我们实现了第一个百年奋斗目标,在中华大地上全面建成了小康社会,历史性地解决了绝对贫困问题,正在意气风发向着全面建成社会主义现代化强国的第二个百年奋斗目标迈进。这是中华民族的伟大光荣!这是中国人民的伟大光荣!这是中国共产党的伟大光荣!"全面建成小康社会,实现了中华民族的千年梦想、百年夙愿,兑现了中国共产党向人民、向历史作出的庄严承诺,显著缩小了世界贫困版图,为人类发展进步作出重要贡献。

100年来,中国共产党领导人民改写了近代以后中华民族的屈辱历史,改变了近代以后中国人民的悲惨命运。没有共产党,就没有新中国,就没有中华民族伟大复兴,这是中国人民依据中国革命、建设、改革的历史经验得出的最基本、最重要的结论,是中国人民基于切身体会所确认的深刻认识。中国共产党领导,是历史的选择、人民的选择,是党和国家的根本所在、命脉所在,是全国各族人民的利益所系、命运所系。

100年来,中国共产党团结带领中国人民,以"为有牺牲多壮志,敢教日月换新天"的大无畏气概,书写了中华民族几千年历史上最恢宏的史诗。这100年来开辟的伟大道路、创造的伟大事业、取得的伟大成就,必将载入中华民族发展史册、人类文明发展史册!

一、全心全意为人民服务

中国共产党是中国工人阶级的先锋队,同时是中国人民和中华民族的先锋队,全心全意为人民服务是党的根本宗旨。江山就是人民、人民就是江山,党打江山、守江山,守的是人民的心。来自人民、依靠人民、为了人民,是 100 年来中国共产党的发展逻辑和胜利密码。

(一) 把人民放在心中最高位置

中国共产党是为人民奋斗的政党,始终把人民放在第一位,坚持尊重社会发展规律和尊重人民历史主体地位的一致性,坚持为崇高理想奋斗和为最广大人民谋利益的一致性,坚持完成党的各项工作和实现人民利益的一致性,不断把为人民造福事业推向前进。

来自人民,植根人民。中国共产党是在中国人民反抗封建统治和外来侵略的激烈斗争中,在马克思列宁主义同中国工人运动的结合中诞生的。党从诞生之日起就有着广泛的代表性,不仅代表中国工人阶级,同时代表中国人民和中华民族。党没有任何自己特殊的利益,从来不代表任何利益集团、任何权势团体、任何特权阶层的利益,而是为人民谋幸福、为民族谋复兴。党的奋斗目标和人民的希望诉求相一致,党与人民一体同心、休戚与共、生死相依。党得到人民广泛支持,从人民中获得力量,历经挫折却不断发展壮大。中国共产党党员是劳动人民的普通一员,他们热爱生活,勤奋工作,真诚朴实,重情重义,在日常生产、工作、学习和社会生活中发挥先锋模范作用,面对困难和危险能够为保护国家和人民利益挺身而出、英勇斗争、不怕牺牲。既来自人民又有先进性,既保持先进又不失人民本色,共产党员就是这样一群既普通又不普通的中国人。

把人民装在心里,镌刻在自己的旗帜上。从"为人民服务",到"把人民拥护不拥护、赞成不赞成、高兴不高兴、答应不答应作为制定方针政策和作出决断的出发点和归宿""代表最广大人民的根本利益""实现好、维护好、发展好最广大人民的根本利益",再到"人民对美好生活的向往,就是我们的奋斗目标",党全心全意为人民服务的根本宗旨一以贯之、坚定不移。党的所有工作,不论是开展革命斗争、建立武装力量、构建政治制度、进行经济建设，还是推进改革开放、推动文化发展、创新社会治理等，都以人民利益为根本考量。在中国，党领导人民建立的国家称为"中华人民共和国"，各级政府称为"人民政府"，党缔造的军队称为"人民解放军"，党的干部称为"人民公仆"，党中央的机关报称为"人民日报"，中央银行称为"人民银行"，等等。"人民"二字深深融入党的血脉，成为中国共产党人薪火相传、永不磨灭的精神基因。

把最广大人民根本利益作为作决策、定政策的最高标准。在革命、建设、改革的不同历史时期，在事关党和国家前途命运的重大历史关头，党都是从人民利益出发，对人民有利的就坚持去做，对人民不利的就坚决反对。党把发展作为执政兴国的第一要务，坚持发展是硬道理，不断解放和发展社会生产力，不断提高发展质量和水平，不断满足人民过上美好生活的新期待。党的十八大以来，党坚持以人民为中心的发展思想，在促进共同富裕、实现公平正义上推出一系列开创性举措，从全面建成小康社会一个都不能少到抗击新冠肺炎疫情救治病患不惜一切代价，从打赢脱贫攻坚战、实施乡村振兴战略到推进以人为核心的新型城镇化，从"绿水青山就是金山银山"到"房子是用来住的、不是用来炒的"，从防止资本无序扩张到让人民群众在每一宗司法案件中感受到公平正义，人民享有更多实实在在的发展成果。100年来，不论国内国际形势如何变化，不管顺境还是逆境，党把人民放在心中最高位置，从来没有改变过、动摇过、迟疑过。

专栏1　抗击新冠肺炎疫情

新冠肺炎疫情发生后，中国共产党和中国政府坚持人民至上、生命至上，迅速开展患者救治、全员检测、接种疫苗，不遗漏一个感染者，不放弃每一位病患，不惜一切代价维护人民生命安全和身体健康。

实施患者免费救治。对新冠肺炎患者（包括确诊和疑似患者）发生的医疗费用，在基本医保、大病保险、医疗救助等按规定支付后，个人负担部分由财政给予补助。截至2021年6月底，全国确诊住院患者结算总医疗费用28.37亿元，医保负担16.31亿元；确诊患者人均医疗费用约2万元，其中，重症患者人均治疗费用超过15万元，一些危重症患者治疗费用几十万元甚至上百万元，全部由国家承担。

开展大规模免费核酸检测和疫苗接种。截至2021年7月25日，全国医疗卫生机构已累计检测新冠病毒核酸样本逾22亿人份，接种新冠病毒疫苗155026.8万剂次，费用全部由国家承担。

为人民付出巨大牺牲。从1921年到1949年，党领导的革命队伍中，有名可查的烈士就达370多万人。和平建设时期，在抗震救灾、抗洪抢险、应对突发事件等急难险重任务中，哪里有困难和危险，哪里就有共产党员。新冠

肺炎疫情发生以来,近 400 名党员、干部为抗击疫情献出了宝贵生命。脱贫攻坚战中,1800 多名党员、干部将生命定格在脱贫攻坚征程上。为人民牺牲的共产党员中,既有普通党员,也有党的高级领导干部,还有党的领袖的家人和亲属。毛泽东同志有六位亲人为革命而牺牲,其中五位是共产党员。

(二)依靠人民不断取得胜利

中国共产党是为人民服务的政党,始终相信和依靠人民,最广泛地发动和组织人民为着自己的利益而奋斗。党创立和坚持一切为了群众,一切依靠群众,从群众中来,到群众中去的群众路线,与人民有福同享、有难同当,有盐同咸、无盐同淡,紧紧依靠人民战胜一个又一个困难、取得一个又一个胜利。

中国共产党依靠人民,从小到大、从弱到强,打败了强大的内外敌人,取得了新民主主义革命胜利。土地革命战争时期,党发动群众参加革命、支持革命,粉碎了国民党军队的一次次"围剿"。抗日战争时期,党凝聚起人民伟力,使日本侵略者陷入人民战争的汪洋大海。解放战争时期,人民群众通过肩挑背负、小车推送运送大量物资,为人民解放军取得三大战役①决定性胜利提供了巨大支持。在进步与反动、正义与非正义的较量中,国民党反动派依靠的是碉堡,中国共产党依靠的是人民;日本侵略者依靠的是强大军力,中国共产党依靠的是中国人民。

中国共产党依靠人民,建立新中国,进行轰轰烈烈的社会主义革命和建设,在满目疮痍、一穷二白的烂摊子上干出了一片新天地。新中国的成立,结束了中国人民受奴役受压迫的历史。站立起来的中国人民,以新国家新社会主人的崭新姿态,以巨大的革命热情,为国家、为民族拼搏奋斗。新中国在较短时间内建立起独立的、比较完整的工业体系和国民经济体系,在核技术、人造卫星、运载火箭等尖端科学技术领域实现零的突破,国家建设取得巨大成就。

中国共产党依靠人民,推进改革开放和社会主义现代化建设,走出一条中国特色社会主义道路。改革开放极大解放了中国人民的思想,激发了人们的创新创造热情。从家庭联产承包责任制到乡镇企业异军突起,从农

---

① 三大战役,指1948年9月至1949年1月在解放战争进入夺取全国胜利的决定性阶段,党领导的中国人民解放军向国民党军队发动的辽沈、淮海、平津三大战役。三大战役使国民党赖以维持其反动统治的主要军事力量基本上被摧毁。

村改革到城市改革,从建设经济特区到"引进来""走出去",中国人民敢闯敢试、勇于创新,在中国大地上掀起前所未有的改革热潮,为中国注入创新和发展的强大动力。中国人民用自己的辛劳和汗水,一砖一瓦建造起中国现代化的高楼大厦,实现了当代人类社会最伟大的经济和社会转型。

中国共产党依靠人民,推动党和国家事业发生历史性变革、取得历史性成就,推动中国特色社会主义进入新时代。党的十八大以来,党以中国梦凝聚力量,以抓改革激发活力,以改作风振奋人心,极大提振了人民的精气神。中国人民高扬中华民族伟大创造精神、伟大奋斗精神、伟大团结精神、伟大梦想精神,建小康、战贫困、促改革、抗疫情、治污染、化风险,撸起袖子加油干,一张蓝图绘到底,形成奋进新时代的强大力量,创造了让世界刮目相看的奇迹,在中国特色社会主义道路上昂首迈进、阔步向前。

100年来,亿万中华儿女把热血、汗水洒在中国大地上,为实现中华民族伟大复兴顽强斗争、奋力拼搏,创造了彪炳史册的丰功伟绩,书写了光耀千秋的英雄史诗。人民是历史的创造者,人民是党的力量源泉,中国人民是伟大、光荣、英雄的人民,中国共产党的百年发展史深刻说明了这个颠扑不破的真理。

（三）实现人民当家作主

人民当家作主是中国共产党矢志不渝的奋斗目标。100年来,党高举人民民主旗帜,领导人民在一个有几千年封建社会历史、近代成为半殖民地半封建社会的国家实现了人民民主。民主从价值理念成为扎根中国大地的制度形态和治理机制,贯穿党领导人民进行革命、建设、改革的全过程,覆盖国家治理的各环节,体现在经济社会发展的各方面,中国人民真正成为国家、社会和自己命运的主人。

为实现人民民主不断探索。新民主主义革命时期,党提出工农民主、人民民主等政治主张,创立工农兵代表苏维埃、参议会、各界人民代表会议等民主形式。新中国成立后,确立了人民民主专政的国体和人民代表大会制度的政体,人民当家做了主人。改革开放新时期,党把坚持党的领导、人民当家作主、依法治国有机统一,确立为中国特色社会主义民主政治的基本原则。党的十八大以来,党明确提出评价一个国家的政治制度是不是民主、有效的八条标准①,进一步丰富了中国特色社会主义政治发展道路的核心内涵;把民主政治建设作为国家政治生活中管根本、管全局、管长远的重大问题,以保证人民当家作主为根本,以增强党和国家活力、调动人民积极性为目标,进一步扩大社会主义民主,推进选举民主,发展协商民主。

人民代表大会制度是中国的根本政治制度,是中国共产党保障人民当家作主的伟大创造。党倾听人民呼声,了解人民意愿,汇聚人民智慧,并形成党的政策主张。通过党领导立法工作、全国人民代表大会及其常务委员会主导立法工作的制度安排,党的主张经法定程序成为国家的宪法法律,并成为全国各族人民、一切国家机关和武装力量、各政党和各社会团体、各企事业组织应当遵循的行为规则。人民代表大会制度确保了党的领导、人民当家作主、依法治国有机统一,实现了党的主张、人民意愿与国家意志相一致。党的十八大以来,人民代表大会制度不断巩固和发展,人大代表与群众全面联系的机制进一步加强,人大代表行使代表职权

---

① 2014年9月5日,习近平在庆祝全国人民代表大会成立60周年大会上讲话指出:评价一个国家政治制度是不是民主的、有效的,主要看国家领导层能否依法有序更替,全体人民能否依法管理国家事务和社会事务、管理经济和文化事业,人民群众能否畅通表达利益要求,社会各方面能否有效参与国家政治生活,国家决策能否实现科学化、民主化,各方面人才能否通过公平竞争进入国家领导和管理体系,执政党能否依照宪法法律规定实现对国家事务的领导,权力运用能否得到有效制约和监督。

得到更好保证，人大及其常委会职能作用得到充分发挥。

在坚持和完善人民代表大会制度的同时，党领导人民创立和发展中国共产党领导的多党合作和政治协商制度、民族区域自治制度、基层群众自治制度等基本政治制度，形成了人民当家作主制度体系。协商民主是中国特色社会主义民主政治中独特的、独有的、独到的民主形式，包括政党协商、人大协商、政府协商、政协协商、人民团体协商、基层协商、社会组织协商等七种协商渠道，极大丰富了民主形式、拓宽了民主渠道、加深了民主内涵。民族区域自治制度是中国特色解决民族问题正确道路的重要内容和制度保障，既保证了国家团结统一，又实现了各民族共同当家作主，推动了民族地区发展，促进了民族团结，56个民族像石榴籽一样紧紧抱在一起，极大增强了中华民族凝聚力、向心力。基层群众自治制度有力保障了居民群众对城乡社区公共事务以及公益事业直接行使民主权利，基层治理和谐有序、充满活力。以职工代表大会为基本形式的企事业单位民主管理制度，对于保障职工的合法权益和主人翁地位，调动职工积极性，推动企事业单位发展，发挥了积极作用。

发展全过程人民民主。人民民主的真谛是有事好商量、众人的事情由众人商量，找到全社会意愿和要求的最大公约数。在长期探索实践中,党领导人民发展全过程人民民主,人民依法享有广泛权利和自由,通过多种渠道和途径行使民主权利,不只体现在几年一次的投票选举上,还体现在关系国计民生的重大公共事务决策上;不只体现在民主选举环节,还体现在民主协商、民主决策、民主管理、民主监督等国家治理其他环节;不只体现在政治领域,还广泛深入到经济、文化、社会等领域,成为人们日常工作和生产生活的组成部分。在中国,人民享有广泛充分、真实具体、有效管用的民主,人民的民主生活丰富多彩。如今的中国,早已远离了禁锢和封闭,民主蔚然成风,人们心情舒畅,社会充满活力。

专栏 2　全过程人民民主

全过程人民民主充分体现在民主选举、民主协商、民主决策、民主管理、民主监督等国家治理实践当中。

截至 2021 年 4 月,全国各级人民代表大会代表共有 262 万多人,来自各民族、各行业、各阶层、各党派,均有相当数量的工人、农民代表。2016 年开始的全国县乡两级人民代表大会换届选举中,登记选民 10 亿多人,直接选举产生近 250 万县乡两级人民代表大会代表。

党的十八大以来,共有 187 件次法律草案向社会征求意见,有约 110 万人次提出 300 多万条意见建议,许多重要意见得到采纳。民法典编纂过程中,先后 10 次向社会公开征求意见,共收到 42.5 万人提出的 102 万余条意见。

党的十八大以来，党中央召开或委托有关部门召开政党协商会议170余次，就中国共产党全国代表大会和中央全会报告、制定"十四五"规划等重大问题同党外人士真诚协商、听取意见。各民主党派中央、无党派人士提出书面意见建议730余件，许多转化为国家重大决策。自2018年3月全国政协十三届一次会议至2021年4月，全国政协共收到提案23049件。

脱贫攻坚战期间，中共中央委托各民主党派中央分别对口8个脱贫攻坚任务重的中西部省区，开展脱贫攻坚监督工作。各民主党派共有3.6万余人次参与脱贫攻坚民主监督工作，向对口省区各级党委和政府提出意见建议2400余条，向中共中央、国务院报送各类报告80余份。

中国的民主植根中国历史文化，符合中国国情，得到人民拥护。民主实现形式是多样的，适合的就是最好的。民主是全人类共同价值，不是某个国家的"专利"。世界上没有定于一尊的民主形式。评判一种民主形式，关键要看它是否适应本国历史文化，是否符合本国现实国情，能否带来政治稳定、社会进步、民生改善，能否得到人民的支持和拥护，能否为人类进步事业作出贡献。中国共产党坚定不移走中国特色社会主义政治发展道路，不断丰富和发展中国式民主，让民主之树枝繁叶茂、永远常青。

（四）让人民过上好日子

中国共产党干革命、搞建设、谋发展，都是为了让人民过上幸福生活。经过百年奋斗，中国从山河破碎、衰败凋零到蓬勃发展、欣欣向荣，发生了翻天覆地的巨大变化。今天的中国，已经成为世界第二大经济体，综合实力和国际影响力显著提升。今天的中国，城市繁华时尚，乡村和谐美丽，基础设施先进，交通安全便利，市场充满活力，社会安定有序。今天的中国，人民过上了几千年来梦寐以求的好日子，向着共同富裕的目标不断迈进。

人民生活极大改善。中国人民摆脱绝对贫困，从总体小康到全面小康，过上了日益富足的生活，获得感幸福感安全感不断增强，生存权发展权有效保障。人均国民总收入超过 1 万美元，处于中等偏上收入经济体行列，正在向高收入国家迈进。城乡居民生活水平差距大幅缩小，形成了超过 4 亿人的世界上规模最大的中等收入群体。就业局势保持总体稳定，截至 2020 年底，全国就业人数为 75064 万人。中国建成世界上规模最大的社会保障体系，截至 2021 年 6 月底，全国基本养老、失业、工伤保险参保人数分别达到 10.14 亿人、2.22 亿人、2.74 亿人，基本医疗保险覆盖超过

13亿人。健全完善社会救助制度,困难群众基本生活有效保障。幼有所育、学有所教、劳有所得、病有所医、老有所养、住有所居、弱有所扶更好实现。文化事业和文化产业繁荣发展,人民的精神生活更加丰富、更加活跃。生态文明建设取得丰硕成果,人民生活的家园天更蓝、山更绿、水更清。中国长期保持社会和谐稳定、人民安居乐业,是世界上公认的最有安全感的国家之一。

表1　人民生活水平大幅提升

指标/年度	新中国成立初期	1980 年	2020 年
贫困发生率	人民生活处于赤贫	96.2%	现行标准下农村贫困人口全部脱贫
人均可支配收入	98 元(1956 年)	171 元(1978 年)	32189 元
预期寿命	35 岁	67.8 岁	77.3 岁(2019 年)
婴儿死亡率	200‰	48‰	5.4‰
学龄儿童入学率	20%	95.5%(1978 年)	99.96%
15 岁及以上人口平均受教育年限	80%以上人口是文盲	5.3 年	9.91 年
高等教育毛入学率	0.22%	2.22%	54.40%

人民精神面貌发生由内而外的深刻变化。中国人民不仅在物质上富了起来,也在精神上强了起来,意气风发地迈向更加美好的未来。中国人民可以平视世界,道路自信、理论自信、制度自信、文化自信极大增强。共产党好、社会主

义好、改革开放好、伟大祖国好、各族人民好的时代主旋律高亢响亮,中国特色社会主义和中国梦深入人心。爱国主义精神、改革创新精神、新时代奋斗精神广泛弘扬,社会主义核心价值观①传播践行,中华优秀传统文化传承发展,全社会充满向美向上向善的正能量。中国人民热爱自由、崇尚自由,把个人自由融于国家繁荣发展、社会和谐稳定之中,享有真实、全面、广泛的自由。面对前进道路上的困难和挑战,中国人民团结一心、无所畏惧,敢于斗争、坚决胜利。中国人民天下一家的情怀更加彰显,希望世界更加和平,各国人民生活更加美好。一代代中国青年把青春奋斗融入党和人民事业,充满朝气、充满激情、充满希望,成为实现中华民族伟大复兴的先锋力量。

经过长期努力,中国取得了巨大发展成就,但中国仍处于并将长期处于社会主义初级阶段的基本国情没有变,中国是世界上最大发展中国家的国际地位没有变。解决好人民日益增长的美好生活需要和不平衡不充分的发展之间的矛盾,让14亿多人民都过上富裕的日子,仍然有很长的路

---

① 社会主义核心价值观,基本内容是富强、民主、文明、和谐,自由、平等、公正、法治,爱国、敬业、诚信、友善。富强、民主、文明、和谐是国家层面的价值要求,自由、平等、公正、法治是社会层面的价值要求,爱国、敬业、诚信、友善是公民层面的价值要求。

要走,仍然需要付出长期艰苦的努力。

100年来,中国共产党用理念主张更用实际行动,赢得了人民的衷心拥护。中国人民对党的拥护,是经过反复比较,经过无数事实和考验形成的。中国人民一旦认定了中国共产党的领导,就不曾改变过。100年来,党与人民心心相印、同甘共苦、团结奋斗,形成了不可分割的紧密联系。任何想把中国共产党同中国人民分割开来、对立起来的企图,都不会得逞;任何想让中国人民放弃中国共产党领导的企图,都不会得逞。

二、为实现理想不懈奋斗

奋斗，是中国共产党的鲜明品质。中国的革命、建设、改革，是在复杂的内外环境中进行的，道路之险、挑战之多世所罕见。100 年来，党遭遇过艰难险阻，经历过生死考验，付出过惨烈牺牲，但始终奋斗不止。党的百年发展史，就是在马克思主义指引下，坚定信念、勇于探索、百折不挠、顽强不屈的不懈奋斗史。

（一）坚持科学理论指导

马克思主义是中国共产党的根本指导思想，是党的灵魂，是指引党不断前行的光辉旗帜。中国共产党为什么能，中国特色社会主义为什么好，归根到底是因为马克思主义行。党的奋斗历史，就是不断推进马克思主义中国化的历史，就是不断推进理论创新、进行理论创造的理论探索史。

把马克思主义写在自己的旗帜上。马克思主义深刻揭示了自然界、人类社会、人类思维发展的普遍规律，为人类社会发展进步指明了方向,极大推进了人类文明进程。马克思主义提出的共产主义、社会主义理想,与中华文明重民本、尚和合、求大同的理念相契合,与中国历代有志之士追求民富国强的梦想相适应,与近代以来中国先进分子救亡图存的愿望相一致。更为可贵的是,马克思主义不仅提出了共产主义的远大理想,而且指明了实现这个理想的方法和路径。马克思主义传入中国后,中国共产党的早期创立者,经过亲身实践、审慎思考、反复推求,选择了马克思主义。中国共产党人一旦选择了马克思主义,就一以贯之、坚定不移地坚持它、发展它、维护它,从来没有动摇过、改变过、放弃过。

把马克思主义作为认识世界、把握规律、追求真理、改造世界的强大思想武器,而不是一成不变的教条。同实际结合,同群众结合,是中国共产党运用马克思主义解决中国问题具有的特点和优点。100年来,党不断推进马克思主义中国化时代化,不断开辟马克思主义新境界,产生了毛泽东思想、邓小平理论、"三个代表"重要思想、科学发展观,产生了习近平新时代中国特色社会主义思想,为党和人民事业发展提供了科学理论指导,为丰富和发展马克思主义作出重大原创性贡献。

中国共产党之所以在革命、建设、改革进程中不断取得胜利，根本在于掌握了有力的思想武器，能够运用马克思主义立场、观点、方法，正确认识问题，科学分析问题，有效解决问题。实践表明，中国共产党选择马克思主义是完全正确的。新的征程上，党以更加宽阔的眼界审视马克思主义在当代发展的现实基础和实践需要，坚持把马克思主义基本原理同中国具体实际相结合、同中华优秀传统文化相结合，用马克思主义观察时代、把握时代、引领时代，继续发展当代中国马克思主义、21世纪马克思主义。

（二）坚守理想信念

中国共产党一经成立，就把为共产主义、社会主义奋斗作为自己的纲领。100年来，党始终坚守共产主义、社会主义的理想信念，领导人民向着奋斗目标坚定前行，不但建立了社会主义，而且维护和发展了社会主义，在世界上高高举起了中国特色社会主义伟大旗帜，展示了社会主义的生机活力和美好前景。社会主义没有辜负中国，中国也没有辜负社会主义。

在困顿逆境、挫折失败中奋起。革命战争年代，党多次面临困难和挫折，甚至濒临被敌人消灭的危险境地。大革命失败后,党由近 6 万人锐减到 1 万多人。第五次反"围剿"①失败后,党和红军的力量遭受极大削弱。长征②途中,湘江战役一战,中央红军从长征出发时的 8.6 万多人锐减至 3 万多人。在革命前途变得十分黯淡的时刻,党对自己的信念毫不动摇,在困境中发展壮大,在绝境中突出重围,在逆境中毅然奋起。新中国成立后,面对军事上、经济上、国际上的困难和挑战,党领导人民发扬"一不怕苦、二不怕死"的革命精神,坚定信心,克服困难,使社会主义中国巍然屹立在世界东方。上世纪 80 年代末 90 年代初,世界社会主义运动陷入低潮,党领导人民顶住逆流,排除干扰,沿着中国特色社会主义道路坚定前行。进入新时代,面对国内改革、发展、稳定的繁重任务,面对严峻的国际形势和外部压力,党领导人民进行具有许多新的历史特点的伟大斗争,把中国特色社会主义继续推向前进。100 年来,困难、失败和挫折没有阻挡住中国共产党的前进,只是使它更加

---

① 第五次反"围剿",指 1933 年 9 月至 1934 年 10 月中央红军反抗国民党军队对中央革命根据地进行的第五次军事"围剿"。从 1930 年至 1934 年,国民党军队对以江西瑞金为中心的中央革命根据地共发动了五次大规模的军事进攻,叫做五次"围剿"。第五次反"围剿"失败后,红军开始实行战略转移。

② 长征,指 1934 年 10 月至 1936 年 10 月,党领导的红军主力从长江以南各苏区向陕甘苏区进行的战略转移。长征实现了中国共产党和中国革命事业从挫折走向胜利的伟大转折。

坚强、更加成熟。在重大历史关头和危难时刻,党坚守理想信念,不畏惧、不退缩,迎难而上、勇往直前,一次次彰显了党的力量,一次次增强了人民对党的信任和信心,一次次扭转了党和国家的前途命运,一次次把社会主义事业推向前进。

在逆境中拼搏奋斗,在顺境中继续奋斗。面对胜利顺利,中国共产党力戒骄傲自满,保持奋斗精神。取得执政地位后,在进入繁华城市、执掌全国政权、从事和平建设的历史条件下,党继续保持了谦虚、谨慎、不骄、不躁的作风和艰苦奋斗本色,没有被糖衣炮弹打倒。改革开放后,党抵制住了资本主义和封建主义腐朽思想的影响和侵蚀。进入新时代,党和国家各项事业蒸蒸日上,党保持清醒认识,反复警醒全党绝不能有半点骄傲自满、固步自封,绝不能有丝毫犹豫不决、徘徊彷徨,居安思危,继续奋斗。100 年来,党没有躺在功劳簿上沉湎过去,没有因为取得的成绩松弛懈怠,没有在喝彩声、赞扬声中丧失斗志,始终保持了昂扬奋进的精神状态。

既锚定远大目标,又脚踏实地,一代人负起一代人的使命,不断向着奋斗目标前进。党追求的共产主义最高理想,只有在社会主义社会充分发展和高度发达的基础上才能实现。中国共产党人之所以为之前仆后继,是因为他们坚信,一代又一代人驰而不息、接续奋斗,崇高理想就一定能够实现。在中华民族伟大复兴的接力跑中,一代又一代中国共产党人,一代又一代中国人民,一棒接着一棒跑下去,奋力跑好自己这一棒,为下一代跑出好成绩。

在奋斗行动中淬炼奋斗精神,用奋斗精神激励奋斗行动。中国共产党人弘扬伟大建党精神,顽强拼搏、不懈奋斗,涌现了一大批视死如归的革命烈士、一大批顽强奋斗的英雄人物、一大批忘我奉献的先进模范,形成了系列伟大精神,构建起中国共产党人的精神谱系。这些宝贵精神财富,深深融入中华民族的血脉之中,使中国人民的精神面貌发生巨大变化,为民族复兴提供了更持久、更深沉、更有力量的强大支撑。100 年来,党领导人民拼搏奋斗,在中国大地不仅建筑起遍地林立的高楼大厦,而且铸造了巍然耸立的中华民族精神大厦。

(三) 在不断探索中前进

中国的革命、建设、改革,走的是前人没有走过的道路,没有现成经验可以照搬。面对前进道路上层出不穷的新情况新问题,中国共产党领导人民勇于探索、敢闯敢试,不断实现从未知到已知、从必然王国向自由王国的跨越,不断把社会主义事业推向前进。

把握世界大势,抓住和用好历史机遇。人类历史有其发展的大逻辑。100 年来,党在历史前进的逻辑中前进,在时代发展的潮流中发展,因势而谋、应势而动、顺势而为,掌握了历史主动。中国共产党的诞生,社会主义中国的成立,改革开放的实行,都是顺应世界发展大势的结果。改革开放后,党把握和平与发展时代主题,加快推进改革开放和现代化建设;紧紧抓住世界科技迅猛发展机遇,提出"科学技术是第一生产力"的重要论断,集全国之力实施"863"计划、"973"计划、①国家重点研发计划等一系列科技计划,极大推动了原始创新能力提升和高技术及其产业发展;顺应经济全球化趋势,实施一系列对外开放重大举措,创办经济特区,开发开放上海浦东,实施"引进来""走出去"战略,加入世界贸易组织,推动中国经济融入世界。进入新世纪,党抓住 21 世纪头 20 年的重要战略机遇期,集中精力,加快发展。进入新时代,党统筹中华民族伟大复兴战略全局和世界百年未有之大变局,作出"中国发展仍处于重要

---

① "863"计划,指根据 1986 年 11 月 18 日中共中央、国务院转发的《高技术研究发展计划纲要》实施的国家高技术研究发展计划。"973"计划,指根据 1997 年 6 月 4 日国家科技领导小组第三次会议制定《国家重点基础研究发展规划》的决定,组织实施的国家重点基础研究发展计划。

战略机遇期""机遇和挑战之大都前所未有,总体上机遇大于挑战"的战略判断,顺应和平、发展、合作、共赢的时代潮流,顺应世界多极化和国际关系民主化大势,顺应经济全球化大势,对内推进高质量发展,把握新发展阶段、贯彻新发展理念、构建新发展格局;对外实行高水平开放,实施更大范围、更宽领域、更深层次的全面开放,促进合作共赢,在更好发展自己的同时更好贡献世界。

坚持独立自主,坚定不移走自己的路。在中国这样一个人口众多和经济文化落后的东方大国进行革命、建设、改革,道路问题是最根本的问题。新民主主义革命时期,党一开始想走苏联那样的中心城市暴动的道路,实践证明这条道路走不通,党通过总结经验教训、深化对国情的认识,找到了以农村包围城市、武装夺取政权的正确道路。新中国成立后,党一开始注重学习苏联,但后来发现苏联模式也存在问题,开始探索中国自己的社会主义建设道路。改革开放以来,党领导人民找到了、坚持了、拓展了符合中国国情的中国特色社会主义道路,沿着这条道路坚定不移地走了下来。在经济建设中,党始终坚持自力更生为主的方针,把发展的主动权牢牢掌握在自己手中,近年来,面对国际形势不确定不稳定因素增多,党作出加快构建以国内大循环为主体、国内国际双循环相互促进的新发展格局的重大战略部署，立足自身把国内大循环畅通起来，任由国际风云变幻，始终充满朝气地生存和发展下去。在科技领域，党领导人民自立自强，坚持独立自主、自力更生，依靠中国人自己的力量，建立了独立完整的学科体系和科研布局，走出一条具有中国特色的自主创新道路，实现了科技实力和创新能力的跨越式提升。从新中国成立初期连火柴、铁钉都要依靠进口，到量子通信、人工智能、5G 等世界领先，再到"神舟"遨游太空、"祝融"探测火星、"天宫"空间站建造、"蛟龙"入海等，中国正在走向高水平科技自立自强。在社会主义现代化建设进程中，党领导人民推动物质文明、政治文明、精神文明、社会文明、生态文明协调发展，创造了中国式现代化新道路，创造了人类文明新形态，打破了只有遵循资本主义现代化模式才能实现现代化的神话。坚持独立自主，坚持中国的事情按照中国的特点、中国的实际来办，坚定不移走自己的路，是党取得胜利的一条基本经验。中国人民有骨气、有信心、有能力，做好自己的事，走好自己的路。

解放思想，实事求是，敢闯敢试。不论是革命、建设还是改革，中国共产党都坚持一切从实际出发，不唯书、不唯上、只唯实，敢于突破条条框框和现成模式，不断探索新路。

在领导经济建设的长期实践中,党既坚持马克思主义政治经济学的基本原理和方法论,又结合中国实际大胆创新,从单一公有制到公有制为主体、多种所有制经济共同发展和坚持"两个毫不动摇"①;从传统的计划经济体制到社会主义市场经济体制,从市场在资源配置中起基础性作用到市场在资源配置中起决定性作用、更好发挥政府作用,一系列新探索新实践,既确保了国民经济命脉牢牢掌握在党和人民手中,确保了经济发展服务人民利益、公共利益和国家利益,也提升了市场主体的自主性创造性,极大解放和发展了社会生产力。党的十八大以来,面对改革进入攻坚期和深水区,党以巨大政治勇气推进全面深化改革,革除制约和束缚发展的深层次弊端,推出 2400 多项改革举措,在重要领域和关键环节取得决定性成果,激活了发展动力,释放了发展活力。在推进改革的实践中,党既大胆探索创新,又把握正确方向,始终把基点放在坚持和完善中国特色社会主义制度上、放在推进国家治理体系和治理能力现代化上,既不走封闭僵化的老路,也不走改旗易帜的邪路,实现了改革、发展、稳定的有机统一、协同推进。

---

① "两个毫不动摇",指毫不动摇巩固和发展公有制经济,毫不动摇鼓励、支持、引导非公有制经济发展。

研究规律,把握规律,遵循规律。善于把握规律,按照客观规律办事,是马克思主义政党之所以先进的重要因素。党不断探索共产党执政规律、社会主义建设规律、人类社会发展规律,并把这些规律运用到实践当中,指导和校正自己的行动。在社会主义建设实践中,党对"什么是社会主义、怎样建设社会主义""建设什么样的党、怎样建设党""实现什么样的发展、怎样发展""新时代坚持和发展什么样的中国特色社会主义、怎样坚持和发展中国特色社会主义"等重大问题的认识不断深化,提出一系列新观点新论断,进行一系列新探索新实践,丰富和发展了科学社会主义。从"贫穷不是社会主义,发展太慢也不是社会主义",到"社会主义的本质是解放生产力,发展生产力,消灭剥削,消除两极分化,最终达到共同富裕",再到"实现共同富裕是社会主义的本质要求",党对社会主义本质的认识不断深化。从新中国成立后确立社会主义基本制度,到改革开放后探索建立中国特色社会主义制度,再到党的十八大以来坚持和完善中国特色社会主义制度,构建起包括根本制度、基本制度、重要制度在内的国家制度和治理体系的总体框架,使中国特色社会主义制度更加成熟更加定型,党对社会主义制度建设的认识不断深化。从"又快又好"到"又好又快",从"经济增长方式"到"经济发展方式",从高速增长到高质量发展,从加快发展到统筹好发展和安全两件大事,从全面、协调、可持续的发展观到创新、协调、绿色、开放、共享的新发展理念,党对经济社会发展规律的认识不断深化。党的十八大以来,党提出统筹推进"五位一体"总体布局①、协调推进"四个全面"战略布局②,提出"八个明确"③"十四个坚持"④,标

① "五位一体"总体布局,指中国特色社会主义事业总体布局,包括经济建设、政治建设、文化建设、社会建设、生态文明建设。

② "四个全面"战略布局,指中国特色社会主义事业战略布局,包括全面建成小康社会、全面深化改革、全面依法治国、全面从严治党。党的十九届五中全会根据形势任务发展,将"全面建成小康社会"改为"全面建设社会主义现代化国家"。

③ "八个明确",指明确坚持和发展中国特色社会主义,总任务是实现社会主义现代化和中华民族伟大复兴,在全面建成小康社会的基础上,分两步走在本世纪中叶建成富强民主文明和谐美丽的社会主义现代化强国;明确新时代我国社会主要矛盾是人民日益增长的美好生活需要和不平衡不充分的发展之间的矛盾,必须坚持以人民为中心的发展思想,不断促进人的全面发展、全体人民共同富裕;明确中国特色社会主义事业总体布局是"五位一体"、战略布局是"四个全面",强调坚定道路自信、理论自信、制度自信、文化自信;明确全面深化改革总目标是完善和发展中国特色社会主义制度、推进国家治理体系和治理能力现代化;明确全面推进依法治国总目标是建设中国特色社会主义法治体系、建设社会主义法治国家;明确党在新时代的强军目标是建设一支听党指挥、能打胜仗、作风优良的人民军队,把人民军队建设成为世界一流军队;明确中国特色大国外交要推动构建新型国际关系,推动构建人类命运共同体;明确中国特色社会主义最本质的特征是中国共产党领导,中国特色社会主义制度的最大优势是中国共产党领导,党是最高政治领导力量,提出新时代党的建设总要求,突出政治建设在党的建设中的重要地位。

④ "十四个坚持",指坚持党对一切工作的领导,坚持以人民为中心,坚持全面深化改革,坚持新发展理念,坚持人民当家作主,坚持全面依法治国,坚持社会主义核心价值体系,坚持在发展中保障和改善民生,坚持人与自然和谐共生,坚持总体国家安全观,坚持党对人民军队的绝对领导,坚持"一国两制"和推进祖国统一,坚持推动构建人类命运共同体,坚持全面从严治党。"十四个坚持"是新时代坚持和发展中国特色社会主义的基本方略。

志着党对共产党执政规律、社会主义建设规律、人类社会发展规律的认识提升到了新的高度。

社会主义好，就是要解决其他社会形态解决不了的问题，不断推进人的全面发展和实现共同富裕。中国社会主义只搞了几十年，还处在初级阶段。党对社会主义的认识和把握还非常有限，还面临很多没有弄清楚的问题和待解的难题，对许多重大问题的认识和处理还处于不断深化的过程之中。党将继续探索，更好把握中国特色社会主义发展趋势和规律，更好地把新时代中国特色社会主义不断推向前进。

（四） 勇于战胜风险挑战

中国的革命、建设、改革，面临着党内和党外的、国内和国际的、传统和非传统的、人类社会和自然界的多种复杂严峻的风险挑战。党领导人民迎接挑战、从容应对，敢于斗争、敢于胜利，在应对挑战、化解风险中推动事业发展，取得并巩固了执政地位，保证了国家安全，保持了发展的连续性和稳定性。

保持忧患意识，始终居安思危。中国共产党在苦难中诞生、在斗争中成长，时刻牢记"安而不忘危，存而不忘亡，治而不忘乱"。革命战争年代,在残酷的斗争环境中,党时刻保持高度警惕,在与强大敌人的长期斗争中成长壮大。改革开放新时期,面对社会矛盾易发多发频发,面对世界社会主义出现严重曲折,党把增强抵御风险能力作为党的建设重大历史性课题,成功应对各种风险挑战。党的十八大以来,党清醒认识内外环境新的重大变化和面临的风险挑战,把增强忧患意识、做到居安思危作为治国理政必须坚持的重大原则,把保证国家安全作为巩固执政地位、坚持和发展中国特色社会主义的头等大事,从最坏处着眼,做最充分的准备,朝好的方向努力,争取最好的结果,掌握了应对风险挑战的战略主动。正是因为党在不同历史时期,保持清醒头脑,科学分析形势,下好先手棋、打好主动仗,在风险挑战来临时,能够遇变不惊、化险为夷、取得胜利。

面对重大风险挑战,迎难而上,敢于胜利。对于危及党的执政地位、国家政权稳定,危害国家核心利益,危害人民根本利益,有可能打断中华民族复兴进程的重大风险挑战,党毫不犹豫、断然出手,坚决斗争、坚决胜利。新中国成立后,面对美帝国主义的威胁和挑衅,党以"不惜国内打烂了重新建设"的决心和气魄,作出抗美援朝、保家卫国的历史性决策,最终取得伟大胜利,粉碎了侵略者陈兵国门、进而将新中国扼杀在摇篮之中的图谋,使新中国真正站稳了脚跟。改革开放新时期,党领导人民经受住1989年政治风波考验,战胜亚洲金融危机、国际金融危机,战胜特大洪涝灾害,夺取抗击非典、汶川地震抗震救灾胜利,依法坚决平息和妥善处理拉萨、乌鲁木齐打砸抢烧严重暴力犯罪事件,抵制住一些外国政治势力对中国的孤立、打压、遏制。党的十八大以来,面对波谲云诡的国际形势、复杂敏感的周边环境、艰巨繁重的改革发展稳定任务,党统筹发展和安全,贯彻总体国家安全观,领导人民有效应对重大挑战、抵御重大风险、克服重大阻力、解决重大矛盾,在危机中育先机、于变局中开新局。推进供给侧结构性改革化解经济风险,果断应对美国单方面挑起的中美经贸摩擦,取得抗击新冠肺炎疫情斗争重大战略成果,采取一系列重大措施一举扭转香港乱局、实现重大转折,保持了经济持续健康发展和社会大局稳定。

中华民族伟大复兴,绝不是轻轻松松、敲锣打鼓就能实现的,前进道路上会出现各种可以预测和不可预测的困难和挑战。中国共产党是经过百年锤炼,具有长期丰富斗争实践经验的大党,具有抵御各种风险、驾驭各种复杂局面的能力。任何风险挑战,只要来了,党都将领导人民进行坚决斗争,毫不动摇,毫不退缩,直至取得胜利。

在百年奋斗征程中,中国共产党锤炼了不畏强敌、不惧风险、敢于斗争、敢于胜利的风骨和品质,这种风骨和品质,成为党鲜明的特质和特点。一切成就都是接续奋斗的结果,一切事业都需要在继往开来中推进。中国共产党以奋斗铸就历史,也必将以奋斗创造未来。

三、具有强大领导力执政力

中国体量巨大、人口众多、国情复杂,求独立、求发展、求富强,必须有坚强有力的领导力量。中国共产党这样一个大党,在中国这样一个大国,能够把亿万人民团结和凝聚起来,一次次跨过急流险滩,一次次战胜困难危机,关键在于党高度团结统一,具有强大的领导力执政力。

(一) 党中央坚强有力

中国共产党是按照民主集中制①原则组织起来的马克思主义政党。维护党中央权威和集中统一领导,是一个成熟的马克思主义执政党的重大建党原则。坚持民主集中制原则,坚持党中央权威和集中统一领导,坚持个人服从组织、少数服从多数、下级服从上级、全党服从中央,在充分发扬民主的基础上进行集中,是党在革命、建设、改革中形成

---

① 民主集中制,指民主基础上的集中和集中指导下的民主相结合的制度。民主集中制是中国共产党的根本组织原则和领导制度。

的政治优势和宝贵经验。

党中央的权威和集中统一领导,保证了革命、建设、改革顺利推进,保证了党的执政地位巩固和国家长治久安。以毛泽东同志为核心的党的第一代中央领导集体,团结带领全党和全国人民,成功开辟以农村包围城市、武装夺取政权的中国革命道路,完成新民主主义革命,建立中华人民共和国,完成社会主义革命,确立社会主义基本制度,推进社会主义建设,完成了中华民族有史以来最为广泛而深刻的社会变革,为当代中国一切发展进步奠定了根本政治前提和制度基础,为新的历史时期开创中国特色社会主义提供了宝贵经验、理论准备、物质基础。党的十一届三中全会后,以邓小平同志为核心的党的第二代中央领导集体,团结带领全党和全国人民,作出把党和国家工作中心转移到经济建设上来、实行改革开放的历史性决策,深刻揭示社会主义本质,确立社会主义初级阶段基本路线,明确提出走自己的路、建设中国特色社会主义,科学回答了建设中国特色社会主义的一系列基本问题,成功开创了中国特色社会主义。党的十三届四中全会后,以江泽民同志为核心的党的第三代中央领导集体,团结带领全党和全国人民,在国内外形势十分复杂、世界社会主义出现严重曲折的严峻考验面前捍卫了中国特色社会主义,确立了社会主义市场经济体制的改革目标和基本框架,确立了社会主义初级阶段的基本经济制度和分配制度,成功把中国特色社会主义推向 21 世纪。党的十六大后,以胡锦涛同志为总书记的党中央,团结带领全党和全国人民,在全面建设小康社会进程中推进实践创新、理论创新、制度创新,强调坚持以人为本、全面协调可持续发展,成功在新的历史起点上坚持和发展了中国特色社会主义。党的十八大以来,以习近平同志为核心的党中央,团结带领全党和全国人民,统揽伟大斗争、伟大工程、伟大事业、伟大梦想,坚持和加强党的全面领导,统筹推进"五位一体"总体布局,协调推进"四个全面"战略布局,坚持和完善中国特色社会主义制度,推进国家治理体系和治理能力现代化,推动党和国家事业发生历史性变革、取得历史性成就,中国特色社会主义进入新时代,迎来了实现中华民族伟大复兴的光明前景。

党的十八大以来,以习近平同志为核心的党中央采取一系列有力举措,全面加强党的领导,进一步坚持和维护党中央权威和集中统一领导。党中央鲜明提出,党政军民学,东西南北中,党是领导一切的,是最高政治领导力量;坚持党的领导,首先是坚持党中央权威和集中统一领导,这是党的领导的最高原则,是最根本的政治纪律和政治规矩;要增强政治意识、大局意识、核心意识、看齐意识,坚定中国特色社会主义道路自信、理论自信、制度自信、文化自信,坚决维护习近平总书记党中央的核心、全党的核心地位,维护党中央权威和集中统一领导。党的十九大将"中国特色社会主义最本质的特征是中国共产党领导,中国特色社会主义制度的最大优势是中国共产党领导,党是最高政治领导力量"确立为习近平新时代中国特色社会主义思想的重要内容,并把这一重大政治原则写入党章。十三届全国人大一次会议通过宪法修正案,在宪法序言确定党的领导地位的基础上,又在总纲中明确规定中国共产党领导是中国特色社会主义最本质的特征,强化了党总揽全局、协调各方的领导地位。

为确保维护党中央权威和集中统一领导的要求落到实处,党进一步健全完善领导体制和工作机制。党中央制定一系列党内法规,对维护党中央权威和集中统一领导作出明确规定。坚持党的组织和党的工作全覆盖,健全党中央对重大工作的领导体制,强化党中央决策议事协调机构职能作用,完善推动党中央重大决策落实机制,严格执行请示报告制度,推动维护党中央权威和集中统一领导具体化、制度化、规范化。近年来,中央政治局常委会每年专门听取全国人大常委会、国务院、全国政协、最高人民法院、最高人民检察院党组工作汇报和中央书记处工作报告,中央政治局全体同志每年向党中央和习近平总书记书面述职一次,已经成为加强和维护党中央集中统一领导的重要制度安排。

维护党中央权威和集中统一领导,有坚强有力的领导核心是重中之重、要中之要。新民主主义革命时期,正是因为遵义会议事实上确立了毛泽东同志在党中央和红军的领导地位,开始形成以毛泽东同志为核心的党的第一代中央领导集体,革命事业才转危为安。党的十八大以来,正是因为确立了习近平同志党中央的核心、全党的核心地位,党的面貌、国家的面貌、人民的面貌、军队的面貌、中华民族的面貌才发生了前所未有的变化。100 年来,党之所以能够统一思想、步调一致向前进,根本原因就是形成了坚强有力的领导核心;党不断发展壮大,克服重重艰难险阻而立于不败之地,党的领导核心发挥了独特的、不可替代的作用。历史和现实充分表明,全党有核心,党中央才有权威,党才有力量。党形成并拥护领导核心,决不是庸俗化的"个人崇拜",党自成立之日起就坚决反对"个人崇拜",并将"党禁止任何形式的个人崇拜"写入党章。党的领导核心并不意味着无限权力、任性决策,而是担负着为大党大国掌舵领航的重大职责。党是按照民主集中制原则组织起来的,党的领导核心也要按照民主集中制原则发挥作用,遵守集体领导制度,遵守党在宪法和法律范围内活动的法治原则。党的领导核心不是天生的,也不是自封的,而是在长期实践中通过正确领导形成的,是全党全国人民的共同选择。

不论是中国几千年的历史,还是中国的革命、建设、改革,都充分表明,中央政权坚强有力,维持大一统局面,国家才能富强、安宁、稳定,人民才能安居乐业。中国共产党实行集中统一领导,符合人民利益,符合中国国情,符合中国历史文化传统,得到了人民广泛拥护,是党领导人民在长期探索实践中得出来的宝贵经验。坚决维护党中央权威和集中统一领导,坚决维护核心、捍卫核心、忠诚核心,是中国共产党和中国人民的共同认识和自觉行动。

(二)制定正确路线和战略策略

坚强的领导,来源于正确的领导;正确的领导,来源于正确的决策。对中国共产党这样一个大党来讲,政策和策略是党的生命。100年来,党在历史重大转折到来时,能够比较好地、有预见地、全面客观地分析研究形势,并在此基础上制定切合实际的目标和任务、政策和路径,使全党在正确路线指引下有条不紊地开展工作。

制定正确的路线方针政策。在不同历史时期,党科学分析面临形势,准确把握内外条件,在此基础上制定路线方针政策。党在成立之初,制定了最高纲领和最低纲领,指出中国革命必须分两步走,为革命斗争明确了基本方向。抗日战争时期,党制定全面抗战路线和打持久战的战略方针,为抗战胜利指明了方向。社会主义革命时期,制定了"一化三改"的过渡时期总路线①,为迈向社会主义社会指明了路径。改革开放后,党制定了"一个中心、两个基本点"的社会主义初级阶段基本路线②,确保了中国特色社会主义沿着正确方向不断发展。党的十八大后,党坚持基本理论、基本路线、基本方略,提出统筹推进"五位一体"总体布局、协调推进"四个全面"战略布局,确立了新时代坚持和发展中国特色社会主义的战略规划和部署。正是有了正确的路线方

---

① 1953年,党中央提出了党在过渡时期的总路线。这就是:从中华人民共和国成立,到社会主义改造基本完成,这是一个过渡时期。党在这个过渡时期的总路线和总任务,是要在一个相当长的时期内,逐步实现国家的社会主义工业化,并逐步实现国家对农业、对手工业和对资本主义工商业的社会主义改造。

② 1987年,党的十三大系统阐明了党在社会主义初级阶段建设有中国特色的社会主义的基本路线。这就是:领导和团结全国各族人民,以经济建设为中心,坚持四项基本原则(坚持社会主义道路,坚持人民民主专政,坚持中国共产党的领导,坚持马克思列宁主义毛泽东思想),坚持改革开放,自力更生,艰苦创业,为把我国建设成为富强、民主、文明的社会主义现代化国家而奋斗。这条基本路线,简称为"一个中心、两个基本点"。

针,党的事业才有所指,全党才有所依,人民才有所趋,才形成了为实现目标共同奋斗的强大力量。

制定阶段性发展目标和战略。为了实现长远目标,中国共产党采取渐进策略,提出一个时期内的目标任务和实现路径,一步一步推进,积小胜为大胜。上世纪60年代,在社会主义革命完成、社会主义建设取得显著成效后,党提出了在20世纪内实现"四个现代化"的奋斗目标和实现这个目标的"两步走"设想①。改革开放初期,党提出到20世纪末人民生活达到小康水平的目标。上世纪80年代中期,党制定"三步走"发展战略②;90年代中期,制定新的"三步走"发展战略③。进入新世纪,党提出在21世纪头20年,全面建设惠及十几亿人口的更高水平的小康社会。党的十八大提出到建党100年时全面建成小康社会。党的十九大提

① "两步走"设想,指上世纪60年代,党中央确定的分两步走实现现代化的战略构想:从1966年第三个五年计划开始,第一步,经过三个五年计划时期,建成一个独立的比较完整的工业体系和国民经济体系;第二步,全国实现农业、工业、国防和科学技术的现代化,使中国经济走在世界前列。

② 1987年,党的十三大提出"三步走"发展战略:第一步到20世纪80年代末,实现国民生产总值比1980年翻一番,解决人民的温饱问题;第二步到20世纪末,使国民生产总值再增长一倍,人民生活达到小康水平;第三步到21世纪中叶,人均国民生产总值达到中等发达国家水平,人民生活比较富裕,基本实现现代化。

③ 1997年,党的十五大提出新的"三步走"发展战略:到2010年实现国民生产总值比2000年翻一番,使人民的小康生活更加宽裕,形成比较完善的社会主义市场经济体制;到2020年,使国民经济更加发展,各项制度更加完善;到21世纪中叶中华人民共和国成立100年时,基本实现现代化,建成富强民主文明的社会主义国家。

出在全面建成小康社会后到 2035 年基本实现社会主义现代化、到 21 世纪中叶建成社会主义现代化强国的奋斗目标。这些目标和部署,既保持一定的连续性稳定性,又根据实际情况及时进行调整,以更好适应发展了的新形势。集中统一领导的政治优势,使得党可以根据长远战略制定阶段性目标,有效协调整体利益和局部利益、长远利益和眼前利益,团结各方为了实现共同目标一起努力,国家的法律、政策也得以稳定连贯实施。在不同历史时期制定并实现阶段性目标,使中国几十年如一日地向前发展迈进,使社会主义现代化的目标一步步成为现实。

通过规划引领发展、化解挑战。制定和实施国民经济和社会发展五年规划(计划),是中国共产党推动发展、实现发展的成功经验。以五年为一个发展阶段,时间长度合适,可以保持政策的稳定和延续,既谋好大事,又办成大事。从 1953 年实行国民经济第一个五年计划,到现在正实施第十四个五年规划。从上世纪 90 年代,党把制定五年计划和十年规划结合起来,根据十年或者更长时间经济发展的总趋势和奋斗目标来确定五年计划,使五年计划更具长远性。五年计划制定过程中,深入调查研究,广泛征求意见,反复协商,形成共识。为实现国家规划的落实,建立以国家发展规划为统领的规划体系,把全国总目标按照不同层级、不同类别分解成为若干子目标,使全国形成一盘棋。通过制定规划引领发展,已经从经济社会领域扩展到国家治理的其他领域。具有前瞻性的发展规划和可行性的具体举措相结合,既避免了"只讲长远目标"而"缺乏具体行动"的空谈,也避免了"只顾低头拉车"而"忘了抬头看路"的短视,对于党的事业长期稳定发展发挥了重要作用。

试点先行,稳步推进。对关系国计民生的重大问题,党既反对保守,也反对冒进,既大胆试、大胆闯,又实事求是、稳扎稳打,在综合平衡中稳中求进。把制定长期政策目标和广泛的政策试验结合起来,中央设定大的政策目标,在地方设立试点或试验区摸索具体的实施方法,然后总结试点经验,以点带面、以点串线地推广到其他地方,实现探索、试错、纠错、前进的螺旋式发展。党提出并实行改革决策与立法决策相衔接,确保重大改革于法有据、顺利实施。注重发挥法治固根本、稳预期、利长远的保障作用,及时将实践证明行之有效的改革成果上升为法律制度和国家政策。对试点先行中的风险和挑战,党及时作出分析并进行相应的政策和制度调整,避免了在全国推行时出现大范围政策失误甚至引发社会震荡。从建立经济特区到设立中国（上海）自由贸易试验区，从建设雄安新区到支持深圳建设中国特色社会主义先行示范区、支持浦东新区高水平改革开放打造社会主义现代化建设引领区、支持浙江高质量发展建设共同富裕示范区等，党通过试点办法，积极而又稳妥地成功推进一系列重大改革。试点先行、由点到面的工作方法，既实现了改革的"蹄疾步稳"，也将地方的创新精神融入中央的政策制定过程中，促进了中央和地方的良性互动，提高了政策的创新力和适应力。经过长期探索实践，中国实现了以试点促改革、以改革促发展、以发展促稳定，人民在共享发展和稳定"红利"后进一步支持改革的良性循环。

（三）决策部署有效贯彻

中国共产党这样一个大党，如果没有坚强有力的组织支撑和纪律约束，就是一盘散沙，大而不强，没有力量。100年来，中国共产党建组织、严纪律、强法治，真正使千百万党员凝聚起来，真正把亿万人民组织起来，保证了党的决策部署能够及时、坚决、有力地贯彻执行。

建立上下贯通、执行有力的组织体系。中国共产党的酝酿和发起,就是以"成立一个强固的精密的组织"为目标的。经过长期发展,党建立起由党的中央组织、地方组织、基层组织构成的科学严密的组织体系。党的最高领导机关是党的全国代表大会和它所产生的中央委员会,中央委员会、中央政治局、中央政治局常务委员会是党的组织体系的大脑和中枢,党中央制定党的大政方针,具有定于一尊、一锤定音的权威。党的各级地方组织负责党中央的决策部署在本地区的贯彻落实,并把基层和党员的意见建议报送党中央,是承上启下、实现政令畅通的重要环节。486 万多个基层党组织,广泛分布在企业、农村、机关、学校、科研院所、街道社区、社会组织、解放军连队等基层单位,是党的肌体的"神经末梢",负责把党中央和上级党组织的决策部署贯彻落实到基层末端,并收集反映党员和群众的意见建议。9500 多万党员在基层组织中发挥先锋模范作用。依托这种广泛的、严密的、坚强的组织体系,党中央既可以"如身使臂、如臂使指",灵活高效地进行指挥,使党的大政方针和决策部署及时地、不折不扣地贯彻落实到基层,又可以使党的组织和党员深深扎根人民,不断巩固党的执政根基。

具有严明的纪律规矩。纪律是党的生命线。没有铁的纪律,就没有党的团结统一,政令就不能通达,党的凝聚力和战斗力、领导力和执行力就会大大削弱。革命战争年代,党作出"三大纪律、八项注意"①等纪律规定,提出"加强纪律性,革命无不胜",加强了内部团结,赢得了人民支持。改革开放新时期,针对资产阶级自由化思潮和西方腐朽生活方式的冲击影响,党提出"一靠理想二靠纪律才能团结起来",着力加强纪律建设。党的十八大以来,党把纪律建设作为全面从严治党的治本之策,把严明政治纪律、政治规矩摆在首位,坚持依规治党、形成比较完善的党内法规体系,加强党员教育管理,严肃查处违规违纪行为,尊党章、守纪律、讲规矩在党内更加鲜明地立了起来。严明的纪律规矩加上严密的组织体系,使得党像一台结构复杂的精密机器,紧密、协调、高效运转,产生强大力量。

把党的领导落实到国家治理各领域各方面各环节。中国共产党作为执政党,通过建立和完善国家治理体系开展

① "三大纪律、八项注意",指毛泽东等党和军队领导人在土地革命战争时期为中国工农红军制定的纪律条规,后来成为八路军、新四军的纪律,以后成为人民解放军的纪律。该纪律具体内容在不同时候和不同部队略有出入。1947年10月,中国人民解放军总部对其内容作了统一规定,并重新颁布。"三大纪律":(一)一切行动听指挥;(二)不拿群众一针一线;(三)一切缴获要归公。"八项注意":(一)说话和气;(二)买卖公平;(三)借东西要还;(四)损坏东西要赔;(五)不打人骂人;(六)不损坏庄稼;(七)不调戏妇女;(八)不虐待俘虏。

执政活动、实现执政目标。党通过领导国家政权机关,将党的领导体现到国家政权机构、体制、制度等的设计、安排、运行之中,有效实现了党的主张与国家意志的有机统一。党始终支持和保证国家政权机关依照宪法法律积极主动、独立负责、协调一致地开展工作。按照党管干部、党管人才原则,党通过甄选德才兼备的优秀人才,按照法定程序推荐到国家政权机关并成为其中的领导人员;又通过国家政权机关实现党对国家和社会的领导,确保党的领导意志贯彻落实到国家治理之中。在国家机关、事业单位、群团组织、社会组织、企业和其他组织中设立党委(党组),由批准其成立的党组织统一领导。在非公有制经济组织和社会组织中建立健全党的组织,做到党和人民的事业发展到哪里,党的组织就覆盖到哪里。党的十八大后,党深化党和国家机构改革,对党和国家组织结构和管理体制进行系统性整体性重构,党的领导体系、政府治理体系进一步健全,党的领导力、政府执行力进一步增强。中国特色社会主义具有制度优势,一个重要方面就是党的领导的政治优势与国家治理的制度优势有机结合,使得党、国家和人民成为目标相同、利益一致、相互交融、同心同向的整体,产生了极大耦合力,最大限度地避免了内耗,显著提升了国家治理效能。

通过法治保障党的政策有效实施。崇尚法治、善用法治、厉行法治,是实现良政善治、保障党的政策实施的必然途径。中国共产党始终坚持依法治国,运用法治思维和法治手段巩固执政地位、改善执政方式、提高执政能力。新民主主义革命时期,党就在中央苏区、陕甘宁边区等局部执政地区,领导制定实施了有关土地、婚姻、劳动、财经等方面的法律。新中国成立后,在废除旧法统的同时,党积极运用新民主主义革命时期根据地法制建设的成功经验,初步奠定了社会主义法治的基础。党的十一届三中全会后,党总结民主法制建设正反两方面经验,加快推进社会主义法治建设,将"依法治国"确立为党领导人民治理国家的基本方略,将"依法执政"确立为党治国理政的基本方式。党的十八大以来,党站在巩固执政地位、确保国家长治久安的高度,定位法治、布局法治、厉行法治,将"全面依法治国"纳入"四个全面"战略布局,坚持党领导立法、保证执法、支持司法、带头守法,坚持依法治国首先要坚持依宪治国,进一步健全党领导全面依法治国的制度和工作机制,更好地通过法定程序使党的主张成为国家意志、形成法律,通过法律保障党的政策有效实施,有力推进了国家治理体系和治理能力现代化。

（四）团结和凝聚各方力量

中国共产党之所以有力量，在于党在不同历史时期，始终把统一战线摆在重要位置，坚持大团结大联合，坚持一致性和多样性统一，加强思想政治引领，广泛凝聚共识，广聚天下英才，努力寻求最大公约数、画出最大同心圆，不断巩固和发展最广泛的统一战线，团结一切可以团结的力量、调动一切可以调动的积极因素，最大限度凝聚起共同奋斗的力量。爱国统一战线是党团结海内外全体中华儿女实现中华民族伟大复兴的重要法宝。

团结和凝聚各方力量战胜强大敌人。大革命时期，中国共产党积极推动同中国国民党的合作，建立国民革命联合战线，给予帝国主义在华的侵略势力和北洋军阀的反动统治以致命打击。抗日战争时期，党推动建立抗日民族统一战线，工人阶级、农民阶级、城市小资产阶级、民族资产阶级、海外华侨、一部分地主买办阶级，以不同形式参加了抗日民族统一战线，使抗日战争成为全民族的反侵略战争。解放战争时期，党在农村、在城市、在国民党军队中，团结一切可以团结的力量，建立最广泛的人民民主统一战线，人民军队能够在那么短的时间内取得三大战役胜利，解放战争能够以如此之快的速度向前推进,与各方广泛支持是分不开的。

建立人民大众的、各方面共同参与的人民政权。延安时期,党就倡导建立"民主联合政府";陕甘宁边区政府实行共产党员、党外进步人士、中间派各占三分之一的"三三制"政权制度,极大调动了各方面人士参与边区建设的热情。新中国成立前夕,在中国共产党倡议下,中国人民政治协商会议召开,中国共产党、各民主党派、无党派人士、各人民团体、人民解放军、各地区、各民族以及国外华侨代表,代表4亿中国人民,充分发扬民主,开展热烈讨论,协商完成了建国大业。新中国成立后,党继续坚持走人民民主统一战线的道路,凝聚各方力量建设国家。改革开放以来,党同全国各民族工人、农民、知识分子,同各民主党派、无党派人士、各民族的爱国力量团结在一起,进一步发展和壮大由全体社会主义劳动者、社会主义事业的建设者、拥护社会主义的爱国者、拥护祖国统一和致力于中华民族伟大复兴的爱国者组成的最广泛的爱国统一战线,为民族复兴大业汇聚各方力量。

探索形成新型政党制度。在长期的革命、建设、改革进程中,中国共产党与各民主党派、无党派人士,长期共存、互相监督、肝胆相照、荣辱与共,形成了中国共产党领导的多党合作和政治协商制度。这一新型政党制度,能够真实、广泛、持久地代表并实现最广大人民和全国各族各界的根本利益,有效避免了旧式政党制度只代表少数人、少数利益集团的弊端,有效克服了政党之间互相倾轧造成政权更迭频繁的弊端。中国共产党作为执政党,处于领导地位和执政地位,善于听取意见,乐于接受监督,勇于接受批评。各民主党派作为中国特色社会主义参政党,是中国共产党的好参谋、好帮手、好同事,积极参与国家政权建设和国家大政方针制定,在促进国家政策、法律法规的制定实施等方面发挥了重要作用。

不断激发全体人民团结奋进力量。物质生活的日益丰富、和平时期的承平日久,可能会滋生拜金主义、享乐主义、个人主义,导致理想信念消退、奋斗精神缺失、社会凝聚力下降。党对此保持清醒认识,在推进物质文明不断发展的同时,高度重视精神文明建设,坚持不懈在全社会开展党的创新理论、理想信念、奋斗精神教育,加强思想舆论引导,展示昂扬向上的社会主流,反映发展进步的社会本质,营造团结奋进的社会氛围。加强青少年教育,引导他们坚定理想信念、继承革命精神、传承红色基因,扣好人生第一粒扣子,在党的领导下把红色江山守卫好,一代一代传下去。

凝聚海外侨胞力量。海外侨胞是中华民族大家庭的重要成员,是实现中华民族伟大复兴的重要力量。党在不同历史时期,团结号召海外侨胞积极投身中华民族复兴大业。广大海外侨胞不忘祖国、不忘祖籍,热情支持中国革命、建设、改革事业,为中华民族发展壮大、促进祖国和平统一大业、增进中国人民同各国人民的友好合作作出了重要贡献。国家的强盛、民族的复兴,极大增强了海外侨胞的民族自豪感和向心力。

(五) 建设高素质干部队伍

政治路线确定以后,干部就是决定因素。党之所以能够实现对党和国家事业的全面领导,能够实现对各个领域各个行业的领导,关键是有一支规模宏大的高素质干部队伍,关键是能够聚天下英才而用之。

吸引汇聚先进分子。自古以来,中国的仁人志士就有忧国忧民的家国情怀。中国共产党的理想信念、性质宗旨与中国先进分子价值追求的一致性,使得党对先进分子具有强大的吸引力,成为他们一心向往、施展抱负、实现价值的依托。党成立之初,许多家境富裕的青年知识分子放弃优渥生活,加入中国共产党,选择了可能牺牲生命的革命事业。延安时期,全国各界的许多进步人士纷纷奔赴延安,很多热血青年更是"只要还有一口气,爬也要爬到延安城"。新中国成立后,许多在海外的优秀科学家,突破重重封锁回国,为新中国建设贡献力量。今天的中国繁荣发展,为各路英才实现人生理想搭建了更加广阔的舞台。党在不同历史时期,都能吸引汇聚中国最优秀的群体,为民族独立、人民解放和国家富强、人民幸福共同奋斗。

重视选贤任能。党始终把选人用人作为关系党和人民事业的关键性根本性问题来抓。革命战争年代,党培养了一大批对党忠诚、英勇善战、不怕牺牲的优秀干部。新中国成立后,随着党的工作重心由农村转向城市、由战争转向生产建设,党培养了一大批懂政治、懂业务、又红又专的优秀干部。改革开放后,适应社会主义现代化建设新要求,党提出建设"革命化、年轻化、知识化、专业化"干部队伍的要求,一批年富力强、锐意改革的优秀干部走上领导岗位。党的十八大以来,党总结干部队伍建设经验,把从严治吏、培养选拔党和人民需要的好干部作为从严治党的重要内容,进一步明确以什么标准选人、选什么样的人、怎样选人,为优秀人才脱颖而出创造了更好条件,培养选拔了一大批新时代的好干部。

把好干部选出来、用起来。中国共产党在长期探索中，传承中国历史上选贤任能的优良传统，借鉴其他国家的有益做法，形成了选拔、任用、培训、管理、考核、激励等比较完备的选人用人体系，使优秀人才发现得了、培养得好、用得起来。制定党的干部工作方针，强调坚持党管干部原则，坚持德才兼备、以德为先，坚持五湖四海、任人唯贤，坚持事业为上、公道正派，坚持注重实绩、群众公认。提出"信念坚定、为民服务、勤政务实、敢于担当、清正廉洁"的好干部标准，体现了对干部综合素质的要求。干部录用主要是通过严格公平的考试，从全社会优秀人才中选拔。干部提拔晋升，按照好干部标准，围绕德、能、勤、绩、廉，经过组织推荐、民主评议、个别谈话、会议决定等多个程序深入进行考察，同时，严格实行"凡提四必"①等制度，防止"带病提拔"。党的各级干部，都是一步步成长起来的，都是通过层层考核选拔出来的优秀者。党高度重视干部的使用培训，通过在职培训、挂职锻炼、交叉任职、多岗轮换等多种形式，提升履职尽责的素质能力，着力建设忠诚干净担当的高素质专业

---

① "凡提四必"，指对拟提拔或进一步使用人选的干部档案必审、个人有关事项报告必核、纪检监察机关意见必听、线索具体的信访举报必查。

化干部队伍。

100年来,中国共产党从一棵小树成长为枝繁叶茂的参天大树。这棵大树,吸吮着马克思主义科学理论的养分,深深扎根于14亿多人民的丰厚土壤之中,坚强有力的党中央和领导核心是主干,党的各级组织是枝干,9500多万党员是树叶。这样一棵枝繁叶茂的大树,具有不断成长的内生动力,具有抵挡任何风雨侵袭的强大力量。

四、始终保持旺盛生机和活力

革命者永远是年轻。党历经百年风雨仍然走在时代前列、保持青春活力,在于党不但能够领导人民进行伟大的社会革命,也能够进行伟大的自我革命,始终坚持党要管党、全面从严治党,与时俱进推进自我净化、自我完善、自我革新、自我提高,始终保持肌体健康和生机活力。

(一)坚持党内民主

中国共产党倡导民主、推行民主,首先在党内实行民主。党不断探索党内民主的实现形式,激发全党的活力和创造力,努力营造又有集中又有民主、又有纪律又有自由、又有统一意志又有个人心情舒畅生动活泼的政治局面。

不断发展党内民主。党在成立之初就对党员条件、党的各级组织和党的纪律作出具体规定,体现了民主集中制原则。新中国成立后,党在健全民主集中制、实行党务公开、建立党代会常任制、保护和扩大党员民主权利等党内民主建设方面作出重要决定,促进了党内民主的健康发展。改革开放后,党提出"党内民主是党的生命"的重要论断。党的十八大以来,党大力推进党内民主建设,从党中央做起,以上率下、层层推动,党内民主的好作风好传统得到传承和发展,党内民主空气越来越浓厚;民主决策进一步发展,中央委员会、中央政治局、中央政治局常委会作出重大决策部署之前,深入开展调查研究,广泛听取下级党组织和广大党员意见和建议;党的代表大会报告、党的全会文件、党的重要文件和重大决策、重大改革发展举措等,都在党内一定范围内征求意见,有的多次征求意见;严肃党内政治生活,中央政治局带头落实民主生活会制度,认真开展批评与自我批评;党的领导层在政策上和工作上的一些不同意见,能够通过党内正常的讨论,取得意见的协调或认识的一致。在党中央带动下,各级党组织党内民主不断推进,党内生活更加积极健康,领导干部的民主作风不断增强。

尊重党员主体地位,保障党员民主权利。党员是党内民主的主体。所有党员,不论从事何种社会职业,担任何种职务,入党时间长短和年龄大小,在党内政治生活中都处于平等地位,享有平等权利。党员有参加党的有关会议,阅读党的有关文件,接受党的教育和培训的权利;有在党的会议上和党报党刊上,参加关于党的政策问题的讨论的权利;有对党的工作提出建议和倡议的权利;有行使表决权、选举权的权利,有被选举权;等等。在党内,民主渠道是畅通的,党员在党的会议上能够畅所欲言,能够讲真话、讲实话、讲心里话,不同意见的平等争论是受到鼓励的,基层的许多真实情况是通过畅通的民主渠道充分反映的。真实的、广泛的党内民主,增强了党员参加党内事务的积极性、主动性、创造性,使广大党员的聪明才智得到充分发挥。

把党内民主贯彻到民主选举、民主决策、民主管理、民主监督之中。党的重大决策部署,在党内广泛征求意见。党坚持集体领导制度,各级委员会实行集体领导和个人分工负责相结合的制度形式,对于党内的重大问题,按照集体领导、民主集中、个别酝酿、会议决定的原则,由集体讨论、按少数服从多数作出决定。建立并不断完善党内选举制度,党的各级代表大会的代表和委员会,全部由选举产生,体现选举人的意志。以党的各级领导机关和领导干部,特别是各级领导班子的主要负责人为重点,不断加强党内监督。干部选拔任用中,民主推荐、民主测评已经成为必经程序和基础环节。基层党内民主形式丰富多彩,基层党组织大多实行了直接选举。

作为执政党，中国共产党党内民主的发展，对于国家政治、经济和社会领域产生重要的积极影响。党的各级领导干部和广大党员，把在党内树立的民主观念、养成的民主习惯、培养的民主作风、形成的民主传统带到各自工作岗位，模范遵守人民民主的法律和制度，影响和带动自己工作领域中的民主风气，增强身边群众的民主意识，有力带动和促进了人民民主的发展。

（二）勇于修正错误

中国共产党在领导人民取得革命、建设、改革伟大成就的同时，也经历过失误和曲折。但是，党能够正视自身的问题，勇于坚持真理、修正错误，不断战胜自我、超越自我，领导人民继续前进。

对待问题和错误坚持正确态度，不遮掩，不回避。中国共产党是全心全意为人民服务的政党，有缺点、有错误不怕别人批评指出，敢于为人民利益坚持正确的、改正错误的。"大跃进"①后，毛泽东同志对"大跃进"造成的工作失误主动

---

① "大跃进"，指1957年冬至1960年初发动的以片面追求工农业生产和建设高速度、不断大幅度提高和修改计划指标为标志的社会主义建设运动。"大跃进"运动反映了广大人民迫切要求改变国家经济文化落后状况的普遍愿望，但忽视了客观的经济规律。

承担了责任,党的其他领导人向民主党派和无党派人士说明"大跃进"时期国内工作的缺点错误责任在中国共产党,主要责任在党中央,并作了诚恳的自我批评。一个马克思主义政党对自己的错误所抱的态度,是衡量这个党是否真正履行对人民所负责任、是否真正有力量的重要尺度。面对错误,党始终体现出马克思主义政党和一个大党应有的格局、风范和担当,实事求是,襟怀坦白,赢得了人民的理解和拥护。

实事求是地总结教训,在修正错误中继续前进。人民至上的深厚情怀、对党的事业的高度责任感、民主集中制的根本组织原则、批评与自我批评的有力武器,使得党既有敢于面对错误的勇气,也有认识错误、修正错误的能力。党对自己包括领袖人物的失误和错误,历来采取郑重的态度,一是敢于承认,二是正确分析,三是坚决纠正,从而使失误和错误连同党的成功经验一起成为宝贵的历史教材。新民主主义革命时期,党从大革命失败和第五次反"围剿"失败的错误中汲取教训,领导中国革命走上正确的道路。社会主义革命和建设时期,党纠正"大跃进"和"文化大革命"①的

---

① "文化大革命",简称"文革"。指 1966 年 5 月至 1976 年 10 月中国进行的一场由毛泽东错误发动、广大群众参与并卷入其中,被林彪、江青集团利用,给中国共产党、国家和各族人民带来严重灾难的政治运动。

错误,深刻全面地总结教训,为开辟中国特色社会主义道路奠定了基础。党在与"左"的和右的两种错误倾向长期斗争过程中,全面系统地总结经验教训,先后作出《关于若干历史问题的决议》《关于建国以来党的若干历史问题的决议》,深刻分析所犯错误根源,对重大历史事件和重要历史人物作出实事求是的评价,统一了全党思想,维护了全党团结,为党继续前进提供了重要保证。

没有一个政党是不犯错误的,重要的是能否从错误中学习,取得教训。中国共产党是伟大、光荣、正确的党,并不是因为从来不犯错误,而是因为能够正确认识错误,从错误中学习,通过错误的教训提高对客观规律的认识,进而纠正错误,使错误成为正确的先导。坚持真理、修正错误,永远是党坚持为人民服务、坚持人民至上而恪守的态度。

(三) 保持肌体健康

在革命、建设、改革中,中国共产党面临着形形色色的考验。外部世界的各种诱惑,管党治党的松懈松弛,党员思想行为的不良变化,都会对党的肌体造成侵害。党坚决同影响党的先进性、弱化党的纯洁性的各种现象作斗争,不断医治病症,坚决铲除毒瘤,保持肌体健康。

保持党员队伍活力。党员是党的活动的主体。党高度重视党员队伍建设,在增加数量的同时提升质量,把党员锻造成为一个个坚强个体,党的队伍越来越团结、越来越强大。在不同历史时期,党都注重结合时代特点,最广泛地吸收社会各方面的先进分子,补充新鲜血液,使党始终代表最广大人民的根本利益。虽然不同时期入党条件和程序有一些变化,但对党员的要求都很高,入党程序都很严格。成为共产党员,没有身份、学历、财富等要求,但有着十分严格的政治和道德要求。申请入党要履行严格手续、经过认真教育和严格考察后才能成为正式党员。党始终重视加强党员队伍教育管理,使得来源不同的党员在党的大熔炉里,锤炼成为坚定的共产主义战士。党员不论职务高低,都必须编入党的一个支部、小组或其他特定组织,参加党的组织生活,接受党内外群众的监督,开展批评和自我批评。在加强日常教育管理的同时,党还围绕一个时期面临的形势任务,针对党员队伍存在的突出问题,开展党内集中教育。党高度重视作风建设,把它作为关系人心向背、关系党的生死存亡的重大问题,通过坚决有力的措施,防止和惩治脱离人民、侵害人民利益的各种行为,始终保持党同人民群众的血肉联系。党的主体由健全的坚强的分子组成,但也不可避免地掺杂不坚定分子、变节分子、异己分子和腐败分子。对不合格党员,党及时提出警告、促其改正,严重者坚决清理出党。

专栏3 不断纯洁党的组织

1951年下半年到1954年春的整党运动中,总数为650多万的党员中共有41万被开除出党或被劝告退党。

1983年到1987年的整党运动中,经过党员登记和组织处理,开除党籍的有近3.39万人,不予登记的有9万余人,缓期登记的有14.5万余人,受到留党察看、撤销党内职务和向党外组织建议撤销党外职务、党内受严重警告、警告等党纪处分的有18.4万余人。

1989年到1990年进行的党员重新登记工作,在中央和地方单位的375万党员中进行了重新登记,在这个过程中,对少数不合格党员进行了妥善处理,对违纪党员进行了纪律处分。

党的十八大到2021年5月,全国纪检监察机关共立案审查调查408.9万人,其中中管干部453人;共予以党纪政务处分374.2万人。

加强对权力的制约和监督。中国共产党的权力是人民赋予的,只能用来为人民谋利益,党对此始终保持清醒认识。党创立伊始,就指出地方委员会的财政、活动和政策应受中央执行委员会的监督。抗日战争时期,党提出只有让人民来监督政府,政府才不敢松懈。新中国成立后不久,党成立了中央及地方各级纪律检查委员会,成立国家行政监察部门,加强对领导干部特别是高级干部的监督。改革开放新时期,党积极推进党和国家领导制度改革,健全完善党

委内部的议事和决策机制,建立健全决策权、执行权、监督权既相互制约又相互协调的权力结构和运行机制。党的十八大以来,党把加强对权力的制约和监督作为全面从严治党重要内容,围绕"把权力关进制度的笼子里",突出"一把手"和领导班子这个"关键少数",以巡视工作条例、党内监督条例等为重点健全党内监督法规体系,锻造巡视利剑并组织开展大规模巡视,实现向中央一级党和国家机关全面派驻纪检机构,深化国家监察体制改革,把党内监督同国家机关监督、民主监督、司法监督、群众监督、舆论监督贯通起来,让权力在阳光下运行。

坚决反对腐败。腐败问题是关系党的生死存亡的重大问题。中国共产党深知腐败之害,与腐败水火不容。党成立之初就提出对腐化分子混入党内的现象必须高度警惕,要求坚决清洗不良分子,和不良倾向斗争。新中国成立初期,在党政机关工作人员中开展反对贪污、反对浪费、反对官僚主义的"三反"运动,特别是判处在革命战争中有过功劳但堕落成为大贪污犯的刘青山、张子善死刑,在全党引起震动。党的十八大以来,面对一段时间内党内腐败问题比较严重的状况,党以"得罪千百人,不负十四亿"的意志,以猛药去疴、重典治乱的决心,以刮骨疗毒、壮士断腕的勇气,坚持反腐败无禁区、全覆盖、零容忍，坚定不移"打虎""拍蝇""猎狐"，以雷霆之势、霹雳手段惩治腐败，持续形成强大震慑，同时，坚持系统施治、标本兼治，一体推进不敢腐、不能腐、不想腐，反腐败斗争取得压倒性胜利并全面巩固。在解决腐败这个古今中外治国理政的顽疾方面，党不仅有鲜明态度，更有实际行动。

坚决防止在党内形成特权阶层。中国共产党深刻汲取古今中外治党不严、治国不力的深刻教训，刀刃向内，从严治党，从党中央严起、从党的高级干部严起，严下先严上、严人先严己。革命战争年代，从党的领袖、党的领导人到各级领导干部，与普通士兵和广大群众同甘共苦，形成了无坚不摧的战斗力。新中国成立后，党采取有力措施加强对党的高级干部的监督。改革开放初期，党对高级干部生活待遇作出若干规定，强调高级干部必须带头发扬党的优良传统。党的十八大以来，党中央以身作则、以上率下，严格执行中央八项规定①，并把反"四风"②、反腐败与反特权思想和特权现象相结合，在干部办公用房、公务用车、秘书配备、公务消费等方面

---

① 中央八项规定，即党的十八届中央政治局关于改进工作作风、密切联系群众的八项规定，主要内容是：改进调查研究、精简会议活动、精简文件简报、规范出访活动、改进警卫工作、改进新闻报道、严格文稿发表、厉行勤俭节约。

② "四风"，指形式主义、官僚主义、享乐主义和奢靡之风。

出台了一系列整治措施,严格规范领导干部特别是高级领导干部的工作和生活待遇,带动了全党全社会风气整体转变,凝聚了党心民心,提升了党在人民心中的形象和威信。

(四) 注重学习总结

中国共产党是有本事的党。100 年来,党领导人民创造了以少胜多、以弱胜强的战争奇迹,创造了经济快速发展奇迹和社会长期稳定奇迹,一次次让不可能成为可能。党之所以能够站在时代潮头、引领风气之先,能够应对复杂形势、完成艰巨任务,一个关键因素在于党注重学习总结和吸收借鉴,不断增强进行革命、建设、改革所需要的实际本领。

中国共产党是学习型政党。党的性质和担负的使命,要求党必须注重学习、善于学习、不断学习。面对不断发展变化的形势任务,党始终甘当小学生,向群众学、向实践学、向历史学、向别人学。革命战争年代,党靠着学习,找到了中国革命的正确道路。新中国成立初期,党靠着学习,迅速恢复国民经济,使国内外那些怀疑共产党能够搞好经济的人们也不能不表示赞佩。改革开放后,党靠着学习,探索出中国特色社会主义道路。进入新时代,面对现代信息技术的迅猛发展和复杂的国内外环境,党提出建设学习型、服务型、创新型马克思主义执政党的重大任务,在全党大兴学习之风,执政能力和执政水平显著提升。党重视抓好领导干部特别是高级领导干部的学习,培养了一支治党治国治军的中坚力量。中共中央政治局建立集体学习制度①,为全党起到了重要的带头示范作用。建立党委(党组)理论学习中心组学习制度,各级党委(党组)领导班子成员定期围绕不同主题进行学习。在全党定期或不定期开展形势政策教育。依托中央和地方各级党校(行政学院),开展大规模多层次培训。重视学习、善于学习,使得党能够适应不断发展变化的形势,树立新观念,掌握新本领,解决新问题。党依靠学习赢得过去,也将依靠学习赢得未来。

中国共产党是靠总结经验成长起来的。不论是革命战争年代还是和平建设时期,从党中央到基层组织,完成阶段性工作和重大任务后,都要进行总结,发扬优点,克服缺点,继续前进,做到打一仗进一步。勤于总结、善于总结,已经成为党重要的思想方法和工作方法。党既重视总结成功经验,更重视从失败中学习。自己犯的错误特别是大错误,暴

---

① 中央政治局集体学习,指中共中央政治局定期学习制度。由中共中央总书记主持并发表讲话,中央政治局全体成员参加,邀请有关部门负责人、专家学者,就经济、政治、历史、文化、社会、科技、军事、外交等问题进行专题讲解。第十八届中央政治局共开展43次集体学习。截至2021年7月30日,第十九届中央政治局共开展32次集体学习。

露出的问题、揭示出的规律往往更加深刻,更值得总结。历史上,党每次都能从大的错误中总结教训,使党的事业有一个大的推进。党在探索、总结、提高的螺旋式上升中,实现了重要经验的提炼升华,实现了具有重要意义的历史转折。当代中国是历史中国的延续和发展。党高度重视历史的学习,反复强调学习中国历史,学习党史、新中国史、改革开放史、社会主义发展史,在汲取历史经验中不断前进。党以史为鉴,既注重从中华优秀传统文化中汲取治国理政的智慧和营养,也深刻汲取历代政权更迭和各种政治力量衰败的教训,反复警醒全党,避免重蹈覆辙。党不仅注重总结汲取自身和本国历史的经验,还注重总结汲取世界政党特别是世界社会主义运动的经验教训,以其为镜鉴,反思和改进党的工作,不断提高执政能力和拒腐防变能力。

中国共产党是开明开放的政党。对于人类文明的一切优秀成果,党从来都是结合实际,以开放态度积极吸收借鉴。新中国成立后,党借鉴苏联经验开展社会主义革命和建设,对于恢复和发展国民经济,推动社会主义改造和工业化发展,发挥了重要作用。改革开放后,党积极吸收和借鉴世界各国包括发达资本主义国家的一切反映现代社会化生产规律的先进经营方式、管理方法和科学技术,显著提升了中国的现代化建设水平。党的十八大以来,党积极推动文明交流互鉴,深化与其他政党治国理政经验交流,加强多种形式、多种层次的国际政党交流合作,通过政党间协商合作促进国家间协调合作,推动共同发展,实现互利共赢。

100 年来,中国共产党历经千锤百炼而朝气蓬勃,一个很重要的原因就是勇于自我革命。未来路上,党仍然面临着精神懈怠危险、能力不足危险、脱离群众危险、消极腐败危险,仍然面临着执政考验、改革开放考验、市场经济考验、外部环境考验。但是,经过百年磨砺,党具有自我革命的勇气和能力,能够经受住各种挑战和考验,不变质、不变色、不变味,始终保持旺盛生机和活力。

五、为人类和平与发展贡献力量

中国共产党是为中国人民谋幸福的政党,也是为人类进步事业奋斗的政党。无论国际风云如何变幻,中国共产党始终秉持和平、发展、公平、正义、民主、自由的全人类共同价值,始终弘扬国际主义精神,始终站在历史正确的一边,站在人类进步的一边,为世界和平发展作出贡献。党的十八大以来,中国日益走近世界舞台中央,党全面推进中国特色大国外交和推动构建人类命运共同体,以更加积极的姿态在国际事务中发挥作用。中国共产党用实际行动,赢得了世界爱好和平国家和人民的尊敬,中国共产党和中国人民的朋友遍天下。

(一) 维护世界和平

中国共产党从苦难中走来,为争取民族独立、人民解放历经千辛万苦,深知和平来之不易。在错综复杂的国际形势中,中国共产党始终高举正义的旗帜,支持和平、反对战争,支持民主、反对强权,支持多边主义、反对单边主义,坚定维护世界和平,坚定维护国际公平正义。

在世界反法西斯战争中捍卫人类和平。在这场关乎人类前途命运的历史大决战中,中国共产党为和平而战、为正义而战。面对错综复杂的民族矛盾和国内阶级矛盾,党以民族利益为重,坚定扛起反法西斯侵略的旗帜,支撑起中华民族救亡图存的希望。党提出全面抗战路线,推动建立抗日民族统一战线,实现了近代以来不曾有过的全民族共同抗敌的崭新局面。党提出打持久战的战略总方针,极大增强了中国人民坚持抗战的信念,为中国抗战指明了方向。党不但在世界东方推动率先建成抗日民族统一战线,也积极推动建立国际反法西斯统一战线。战争后期,党积极支持联合国的创建,为推动构建战后和平秩序发挥了积极作用。党领导人民开辟了世界反法西斯战争的东方主战场,在中国抗日战争中发挥中流砥柱作用,为世界反法西斯战争作出重要贡献。

旗帜鲜明反对霸权主义和强权政治。中国共产党在反抗外敌入侵中诞生,反对霸权、反对强权是党与生俱来的鲜明品质。新中国成立后,在对外政策上坚持独立自主原则,坚持中国共产党的事情必须由中国共产党来办、中国的事情必须由中国人民来办,决不允许外来任何力量、任何形式的干涉,决不屈服于任何外来压力,始终保证国家主权、安全、发展利益牢牢掌握在自己手中。党鲜明提出,"一切反动派都是纸老虎"。面对美帝国主义的粗暴挑衅,以战止战、以武止戈,取得抗美援朝战争胜利,以铁的事实说明霸权主义不得人心、注定失败。上世纪70年代,党提出"三个世界"①的划分,并强调中国属于第三世界,要联合世界上一切可以联合的力量,结成最广泛的国际反霸统一战线。党的十八大以来,面对个别国家的霸权主义、单边主义,面对一些外国势力在涉疆、涉藏、香港、台湾问题,以及所谓人权、民族、宗教、司法等问题上对中国内政的粗暴干涉,在南海、东海等问题上危害中国领土主权安全的各种图谋与行为,党原则坚定、立场鲜明,敢于碰硬、坚决斗争,坚定维护国家主权、安全、发展利益。当今世界,多极化是大势所趋,某些国家试图像以往那样称王称霸、唯我独尊已经不可能了。任何国家都没有包揽国际事务、主宰他国命运、垄断发展优势的权力,更不能在世界上我行我素,搞霸权、霸道、霸

---

① "三个世界",1974年2月22日,毛泽东会见赞比亚总统卡翁达时提出了划分三个世界的观点。按照这个观点,第一世界,指美国和苏联两个拥有最强的军事和经济力量、在世界范围推行霸权主义的超级大国;第三世界,指亚洲、非洲、拉丁美洲和其他地区的发展中国家;第二世界,指处于这两者之间的发达国家。

凌。今天的中国，已不是100年前的中国。中国人民从来没有欺负、压迫、奴役过其他国家人民，也绝不允许任何外来势力欺负、压迫、奴役中国人民，谁妄想这样干，必将在14亿多中国人民用血肉筑成的钢铁长城面前碰得头破血流。

为维护世界和平贡献智慧和力量。从和平共处五项原则，独立自主的、不结盟的和平外交政策，到建设持久和平、共同繁荣的和谐世界，再到构建人类命运共同体、构建新型国际关系、共建"一带一路"等重要理念、重要倡议，中国共产党为维护世界和平积极贡献中国智慧、中国方案。中国共产党既有维护世界和平的庄严承诺，更有维护世界和平的实际行动。新中国成立以来，中国没有主动挑起过任何一场战争和冲突，没有侵略过别国一寸土地。中国从拥有核武器的第一天起，就积极倡导全面禁止和彻底销毁核武器，始终恪守在任何时候和任何情况下都不首先使用核武器。中国承诺无条件不对无核武器国家和无核武器区使用或威胁使用核武器。改革开放以来，中国致力于促进世界和平，主动裁减军队员额400余万。中国始终不渝奉行防御性国防政策，坚持走中国特色强军之路，中国军队忠实践行人类命运共同体理念，积极履行大国军队国际责任，全面推进新时代国际军事合作,努力为建设持久和平、普遍安全的美好世界作出贡献。中国积极参与国际军控、裁军和防扩散进程,反对军备竞赛,维护全球战略平衡与稳定。中国始终致力于通过谈判、协商方式处理领土问题和海洋划界争端,同14个邻国中的12个国家彻底解决了陆地边界问题,划定了中越北部湾海上界线,为和平解决国家间历史遗留问题以及国际争端开辟了崭新道路。中国积极参与重大国际和地区热点问题解决,根据事情本身的是非曲直作出公正判断,劝和促谈,维稳防乱,为维护国际和地区和平安宁发挥了建设性作用。

坚定维护以联合国为核心的国际体系。作为联合国创始会员国、联合国安全理事会常任理事国和最大发展中国家,中国始终坚定维护联合国权威和地位,恪守联合国宪章宗旨和原则,维护以国际法为基础的国际秩序,同各国一道,坚守多边主义,反对单边主义。中国积极参加联合国维和行动,是联合国第二大会费国和维和摊款国,是安理会常任理事国维和行动第一大出兵国。新时代的中国军队已经成为联合国维和行动的关键因素和关键力量,为世界和平与发展注入更多正能量。中国严格履行《巴黎协定》《核安全公约》《不扩散核武器条约》《禁止生物武器公约》《禁止化学武器公约》等国际公约,在联合国框架下积极开展能源安全、粮食安全、网络安全、生物安全、极地、外空、海洋等领域国际交流与合作。当今世界面临深刻的规则危机、秩序危机,维护规则、维护秩序十分紧迫。世界上只有一个体系、一种秩序,就是以联合国为核心的国际体系和以国际法为基础的国际秩序;只有一套规则,就是以联合国宪章宗旨和原则为基础的国际关系基本准则。一个国家或少数国家图谋搞霸权"体系"、霸权"规则",打着"正义"旗号行"霸权"之实,中国坚决反对,大多数国家也不会接受。

推动国际关系民主化。中国共产党是民主的忠实追求者、积极探索者和模范实践者,不但在党内实行民主、在中国发展全过程人民民主,而且在国际上大力推动国际关系民主化。新中国成立之初就鲜明提出,和平共处五项原则应该成为世界各国建立和发展相互关系的准则。按照这一原则,中国与许多国家建立和发展了双边关系。面对世界百年未有之大变局,中国高举和平、发展、合作、共赢的旗帜,推动建设相互尊重、公平正义、合作共赢的新型国际关系,推动国际关系民主化。面对全球范围内经济、科技等领域竞争,中国不是把对方视为对手,而是视为伙伴;不是搞冷战和对抗、控制和操纵,而是促进交流合作、实现互利共赢。中国始终秉持伙伴精神发展与各国关系,构建总体稳定、均衡发展的大国关系框架,按照亲诚惠容理念和与邻为善、以邻为伴周边外交方针深化同周边国家关系,秉持正确义利观和真实亲诚理念加强同发展中国家团结合作。

当今世界,公平正义远未实现。少数国家漠视国际公理、践踏国际规则、违背国际民意,公然侵犯他国主权,干涉他国内政,动辄以大欺小、恃强凌弱,把"地球村"变成弱肉强食的原始丛林。一些政客泯灭做人良知、突破道德底线,为政治私利大肆炮制传播谎言、对他国和人民进行攻击抹黑。面对充满危机的世界,中国共产党主张,国家不论大小、强弱、贫富,在国际关系中都是平等的;大国要有大国的样子,要以人类前途命运为要,对世界和平与发展担负更大责任,而不是依仗实力搞唯我独尊、霸凌霸道;世界的命运必须由各国人民共同掌握,各国和各国人民应该共同享受尊严、共同享受发展成果、共同享受安全保障。

政党是维护世界和平、推动人类进步的重要力量。世界各政党诞生的历史背景和条件不同,承载的功能使命不同,取得执政地位、履行执政责任的方式不同。世界是丰富多彩的,不是"非黑即白"的单一色彩,同我即对、非我即错的逻辑方式不符合人类文明发展潮流。评判一个执政党是否先进、合格,评判一种政治制度是否行得通、有效率、真管用,实践最有说服力,人民最有发言权。各国政党应担负起引领方向、凝聚共识、促进发展、加强合作、完善治理的责任,求同存异、相互尊重、互学互鉴,加强交流合作,共谋人民幸福。

（二）促进共同发展

发展是世界各国的权利,而不是少数国家的专利。中国共产党不仅希望中国人民过上好日子,也希望其他国家人民过上好日子。在发展问题上,中国共产党始终坚持发展自己、兼济天下、造福世界,在致力于实现自身发展的同时,为促进共同发展贡献力量。

中国保持长期稳定和发展是对人类的贡献。中国是世界上最大的发展中国家。中国共产党领导人民,集中力量办好自己的事,让国家更富强、人民更幸福,本身就是对世界和平与发展的贡献。中国经济持续健康发展,成为世界经济增长的主要稳定器和动力源。中国完成消除绝对贫困的任务,提前 10 年实现联合国 2030 年可持续发展议程减贫目标,对全球减贫贡献率超过 70%。中国科技创新为其他国家人民生产生活带来更多便利,为世界科技创新和经济增长注入了新动能。中国以占全球 9% 的耕地,养活了世界近 20% 的人口。中国大力加强环境治理,是世界生态文明建设的重要力量。中国积极推进绿色低碳发展,提前实现对国际社会承诺的 2020 年碳减排目标,并承诺力争 2030 年前实现碳达峰、努力争取 2060 年前实现碳中和。中国全方位对外开放为各国分享"中国红利"创造更多机会,庞大消费需求为世界各国提供了巨大市场。新中国成立以来,中国经历了中华民族史乃至人类发展史上从未有过的巨大的经济社会变迁,持续保持了国家政治和社会大局稳定,这既是中国人民的福祉,也是中国为世界和平稳定作出的贡献。

加强国际发展合作。中国自身是发展中国家,对其他发展中国家正在经受的贫困和苦难感同身受,积极开展国际发展合作,力所能及地为他们提供援助。新中国成立以来,中国向其他发展中国家提供不附加任何政治条件的援助。党的十八大以来,中国的对外援助顺应时代要求,向国际发展合作转型升级,为破解全球发展难题、推动落实联合国 2030 年可持续发展议程注入中国力量。2013 年至 2018 年,中国累计对外提供援助 2702 亿元人民币,实施成套项目 423 个,提供物资援助 890 批,完成技术合作项目 414

个,举办人力资源开发合作项目7000余期,共约20万名人员受益。中国积极开展抗击新冠肺炎疫情全球合作,力所能及为国际组织和其他国家提供援助,截至2021年6月,共为受疫情影响的发展中国家抗疫以及恢复经济社会发展提供了20亿美元援助,向150多个国家和13个国际组织提供了抗疫物资援助,为全球供应了2900多亿只口罩、35亿多件防护服、46亿多份检测试剂盒,向100多个国家和国际组织提供5.2亿多剂疫苗,累计组派33批抗疫医疗专家组赴31个国家协助抗疫。当今世界仍然面临着严重的发展困境,许多人还在贫困、饥饿、疾病之中挣扎。一些国家越来越富,另一些国家越来越穷,世界不可能长久太平、持久繁荣。中国共产党主张,加快全球减贫进程,发达国家要加大对发展中国家的发展援助,发展中国家要增强内生发展动力。中国将尽己所能,继续开展国际发展合作,深化南南合作,为全球减贫贡献智慧和力量。

积极参与引领全球治理体系改革和建设。二战以后建立的国际体系,对于战后恢复世界经济发挥了重要作用,但是,经济全球化带来的发展鸿沟和公平问题日益突出。中国作为负责任大国,始终坚持权利和义务相平衡,积极参与全球治理体系改革和建设,推动建立更加公正合理的国际政治经济新秩序。党的十八大以来,中国积极推动全球治理体系改革和建设,参与制定多个新兴领域治理规则,推动改革全球治理体系中不公正不合理的安排;坚定支持多边主义,搭建政治、经济、安全、人文等领域多边平台,促进对话与合作;发起成立亚洲基础设施投资银行,设立丝路基金,为构建开放型世界经济,促进全球包容、可持续发展贡献更大力量。当前,全球治理体系改革和建设仍然面临诸多困难和挑战,任重而道远。中国将实施更加积极主动的开放战略,以实际行动维护经济全球化,推动构建创新、活力、联动、包容的世界经济。中国将继续发挥负责任大国作用,秉持共商共建共享的全球治理观,积极参与引领全球治理体系改革和建设,推动全球治理体系向着更加公正合理方向发展,使发展成果更多更好惠及各国人民。

(三) 走和平发展道路

和平发展,是中国共产党矢志不渝的追求,是中国发展的鲜明特征。100 年来,党领导人民走的是强而不霸的复兴新路,是追求和平、维护和平、捍卫和平的道路。这条道路,是靠中国人民自力更生、艰苦奋斗,而不是靠殖民和侵略走出来的,是既促进自身发展、也为世界和平发展作出贡献的道路。事实充分表明,中国共产党是热爱和平的政党,中国是热爱和平的国家,中国人民是热爱和平、真诚善良的人民。

历史上确有国家因强成霸,但国强必霸不是历史定律。用西方一些国家的发展经验评判中国,把西方一些国家的发展逻辑套用于中国,得出的结论必然荒谬失真。中国走和平发展道路,不是外交辞令,不是权宜之计,不是战略模糊,而是思想自信和实践自觉的有机统一。从中华民族薪火相传的文化基因中,从中国过去到现在一脉相承的发展历程中,从中国与西方大国崛起的相互比较中,可以清晰地看出,和平发展是中国共产党的执政轨迹、执政逻辑、执政方向,是中国的发展轨迹、发展逻辑、发展方向。

中国走和平发展道路,源于中华文明的深厚底蕴。中华文化蕴含着天人合一的宇宙观、协和万邦的国际观、和而不同的社会观、人心和善的道德观。和平、和睦、和谐是中华民族 5000 多年一直追求和传承的理念,中国共产党是中华优秀传统文化的忠实传承者,没有侵略他人、称霸世界的基因。

中国走和平发展道路,源于对实现中国发展目标条件的认知。发展是党执政兴国的第一要务。中国的发展得益

86

于和平稳定的外部环境,中国进一步发展同样需要和平稳定的外部环境。对外搞扩张、搞霸权,不符合中国利益,违背人民意愿。积极争取和平的国际环境发展自己,又以自身的发展更好地维护世界和平、促进共同发展,始终是中国共产党坚定不移的选择。

中国走和平发展道路,源于对世界发展大势的深刻把握。当今世界,和平、发展、合作、共赢是时代潮流。任何一个国家,无论大小强弱,只有在平等、互利、共赢基础上参与国际合作,才能实现持续发展;反之,追逐霸权,穷兵黩武,只会消耗国力、走向衰亡。人类历史上由于强国争霸导致战乱频仍、生灵涂炭、人类文明遭受挫折甚至倒退,教训惨痛而深刻。要和平不要战争,要发展不要贫穷,要稳定不要混乱,是各国人民朴素而真实的共同愿望。中国走和平发展道路,符合历史潮流,顺应世界大势。

中国有发展的权利,中国人民有追求美好生活的权利。作为历史上曾经遭受欺凌、蒙受屈辱的大国,中国发展的目的是赢得尊严和安全,让历经苦难的人民过上好日子。在追求这个目标的过程中,中国自然而然地发展了、强大了,但不是想要超越谁、威胁谁、挑战谁、取代谁,更不是要在世界上称王称霸。中国的未来掌握在自己手中,中国的命运由中国人民说了算。没有任何人能够剥夺中国人民追求美好生活的权利,也没有任何人能够阻挡中国向前发展的步伐。

中国坚定不移走和平发展道路,也希望世界各国共同走和平发展道路。各国走和平发展道路,才能共同发展,国与国才能和平相处。中国决不会以牺牲别人利益为代价发展自己,也决不放弃自己的正当权益。任何国家不要指望中国会拿自己的核心利益做交易,任何人不要指望中国会吞下损害国家主权、安全、发展利益的苦果。

(四) 推动构建人类命运共同体

当今世界正处在又一个十字路口,人类面临着前进还是倒退、光明还是黑暗的两种前途、两种命运。百年变局与世纪疫情交织叠加,冷战思维、零和心态沉渣泛起,单边主义、霸权主义、强权政治甚嚣尘上,经济全球化遭遇逆流,军备竞赛加剧,气候变化、恐怖主义、网络攻击、生物安全、重大传染性疾病等传统和非传统安全问题相互交织,严重威胁全球和地区安全。人类共同生活的这颗美丽星球,面临着来自人类本身的巨大危机。

面对百年未有之大变局,面对发展赤字和治理难题,人类社会迫切需要树立新的发展观,构建更加公正合理的国际体系和国际秩序。中国共产党提出构建人类命运共同体,建设一个持久和平、普遍安全、共同繁荣、开放包容、清洁美丽的世界,着眼解决当今世界面临的现实问题、实现人类社会和平永续发展,开辟了合作共赢、共建共享的发展新道路。

构建人类命运共同体是顺应历史发展大势的必然选择。当今时代,各国相互联系和彼此依存比以往任何时候都更加紧密。各国共处"地球村",既有本国利益,也有需要与其他国家一起维护的共同利益。很多问题不再局限于一国内部,很多挑战不是一国之力可以应对,没有一个国家能够独自发展或者独善其身。各国只有通力合作,才能有效应对各种风险挑战,才能在实现自身发展基础上实现共同发展。

构建人类命运共同体理念,秉持合作共赢理念,摒弃丛林法则,不搞强权独霸,超越零和博弈。政治上,倡导相互尊重、平等协商,摒弃冷战思维和强权政治,走对话而不对抗、结伴而不结盟的国与国交往新路;安全上,倡导以对话解决争端、以协商化解分歧,统筹应对传统和非传统安全威胁,反对一切形式的恐怖主义;经济上,倡导同舟共济,促进贸易和投资自由化便利化,推动经济全球化朝着更加开放、包容、普惠、平衡、共赢的方向发展;文化上,倡导尊重世界文明多样性,以文明交流超越文明隔阂、以文明互鉴超越文明冲突、以文明共存超越文明优越;生态上,倡导坚持环境友好,加强应对气候变化和生物多样性保护合作,保护好人类赖以生存的地球家园。

人类命运共同体理念,揭示了世界各国相互依存和人类命运紧密相联的客观规律,反映了全人类共同价值,找到了共建美好世界的最大公约数。构建人类命运共同体,不是推进一种或少数文明的单方主张,也不是谋求在世界建设统一的行为体,更不是一种制度替代另一种制度、一种文明替代另一种文明,而是主张不同社会制度、不同意识形态、不同历史文明、不同发展水平的国家,在国际活动中目标一致、利益共生、权利共享、责任共担,促进人类社会整体发展。

"一带一路"是推动构建人类命运共同体的重要实践平台。高质量共建"一带一路",以和平合作、开放包容、互学互鉴、互利共赢的丝绸之路精神为指引,以政策沟通、设施联通、贸易畅通、资金融通、民心相通为重点,秉持共商共建共享原则,坚持开放、绿色、廉洁理念,努力实现高标准、惠民生、可持续目标,已经从理念转化为行动,从愿景转化为现实,从倡议转化为全球广受欢迎的公共产品。中国已同 140 个国家和 32 个国际组织签署了 200 多份共建"一带一路"合作文件。据世界银行研究报告,共建"一带一路"倡议将使相关国家 760 万人摆脱极端贫困、3200 万人摆脱中度贫困,将使参与国贸易增长 2.8% 至 9.7%、全球贸易增长 1.7% 至 6.2%、全球收入增加 0.7% 至 2.9%。共建"一带一路"倡议源于中国,但机会和成果属于世界。共建"一带一路"追求的是发展,崇尚的是共赢,传递的是希望。

中国共产党是有远大抱负的政党,这种抱负不是称霸世界,而是贡献世界。100 年来,在风云变幻的世界舞台上,中国共产党和中国既坚定地保持自信,也秉持谦虚态度和伙伴精神与其他政党和国家相处。中国共产党始终坚信,大党之大、大国之大,不在于体量大、块头大、拳头大,而在于胸襟大、格局大、担当大。中国共产党始终坚信,和平而不是战争、合作而不是霸道、对话而不是对抗、开放而不是封闭,才是人间正道,才能赢得未来。

结　束　语

胸怀千秋伟业，百年只是序章。

中国共产党走过波澜壮阔的 100 年，演出了威武雄壮的中华民族伟大复兴的历史伟剧。

这 100 年，极不平凡，极不容易。中国共产党领导人民创造了引以为豪的辉煌成就，但不会骄傲自满、止步不前，仍将继续奋斗、砥砺前行。

站在百年历史新起点，中国共产党和中国人民踏上了全面建设社会主义现代化国家的新征程。到 2035 年，中国将基本实现社会主义现代化；到本世纪中叶中华人民共和国成立 100 年时，中国将全面建成富强民主文明和谐美丽的社会主义现代化强国。之后，中国共产党将领导人民向着更加高远的目标继续迈进。

中国共产党的百年历史，清晰映照了来时的路，有力昭示了未来的路。必须坚持中国共产党坚强领导，必须团结带领中国人民不断为美好生活而奋斗，必须继续推进马克思主义中国化,必须坚持和发展中国特色社会主义,必须加快国防和军队现代化,必须不断推动构建人类命运共同体,必须进行具有许多新的历史特点的伟大斗争,必须加强中华儿女大团结,必须不断推进党的建设新的伟大工程,这些,既是党百年历史经验的深刻总结,也是党领导人民开创未来的根本遵循。

实现中华民族伟大复兴是中国共产党的历史使命。中国共产党将团结带领人民继续奋斗,付出更为艰巨、更为艰苦的努力,不断把民族复兴伟业推向前进。实现祖国完全统一是中国共产党的历史任务,中国共产党和中国人民具有坚强决心、坚定意志、强大能力,任何人、任何力量都阻挡不了。

让人民过上好日子,是中国共产党矢志不移的奋斗目标。实现共同富裕,让 14 亿多人享有现代化生活,不是一件轻轻松松的事情。新的征程上,中国共产党始终把人民放在心中最高位置,着力解决发展不平衡不充分问题和人民急难愁盼问题,坚决破除实现共同富裕、实现公平正义的阻碍和束缚,脚踏实地,久久为功,推动人的全面发展、全体人民共同富裕不断取得实质性进展。坚定不移走好自己的路、办好自己的事,不断满足人民过上美好生活的新期待,党就能永远立于不败之地。

面向未来,中国共产党将坚定不移地把发展作为执政兴国的第一要务,始终践行以人民为中心的发展思想,全面深化改革和扩大开放,深入推进中国式现代化,实现更高质量、更有效率、更加公平、更可持续、更为安全的发展,让人民更多更好享有经济、政治、文化、社会、生态文明发展成果,以中国新发展为世界提供新机遇、为各国共同发展注入新动力。

面向未来,中国共产党将坚定不移高扬社会主义旗帜,继续推进马克思主义中国化时代化,坚持和发展中国特色社会主义,让社会主义的美好前景在中国大地上更加生动地展现出来,让经过实践检验的科学社会主义理论放射出更加灿烂的真理光芒,让社会主义实践在人类文明进程中有更大作为,为人类对美好社会制度的探索作出更大贡献。

面向未来,中国共产党将坚定不移站在历史正确的一边,站在人类进步的一边,继续同一切爱好和平的国家和人民一道,弘扬和平、发展、公平、正义、民主、自由的全人类共同价值,坚持合作、不搞对抗,坚持开放、不搞封闭,坚持互利共赢、不搞零和博弈,反对霸权主义和强权政治,推动历史车轮向着光明的目标前进,推动构建人类命运共同体,建设更加美好的世界。

面向未来,中国共产党将坚定不移推进自我革命,加强先进性和纯洁性建设,提高领导水平和执政水平,增强拒腐防变和抵御风险能力,在世界形势深刻变化的历史进程中始终走在时代前列,在应对国内外各种风险挑战的历史进程中始终成为中国人民的主心骨,在坚持和发展中国特色社会主义的历史进程中始终成为坚强领导核心。党自身坚强如铁,就没有任何外部力量能够打垮。

一切事物发展都有逻辑可循,政党也是如此。从中国共产党的过去,可以解释它的现在,也可以看到它的未来。

前路不会平坦,前景光明辽阔。未来征程上,中国共产党将更加紧密地团结起来,中国人民将更加紧密地团结起来,海内外中华儿女将更加紧密地团结起来,为更加美好的未来共同奋斗。中国全面建成社会主义现代化强国的目标一定能够实现,中华民族伟大复兴的中国梦一定能够实现,中华民族一定能够为人类不断作出新的更大贡献。

责任编辑：刘敬文

图书在版编目（CIP）数据

中国共产党的历史使命与行动价值/中共中央宣传部 著.—北京：人民出版社，2021.8

ISBN 978－7－01－023678－0

Ⅰ.①中… Ⅱ.①中… Ⅲ.①中国共产党-党史-研究 Ⅳ.①D23

中国版本图书馆 CIP 数据核字（2021）第 164348 号

中国共产党的历史使命与行动价值

ZHONGGUO GONGCHANDANG DE LISHI SHIMING YU XINGDONG JIAZHI

中共中央宣传部

人民出版社 出版发行

（100706 北京市东城区隆福寺街 99 号）

中煤（北京）印务有限公司印刷 新华书店经销

2021 年 8 月第 1 版 2021 年 8 月北京第 1 次印刷

开本：787 毫米×1092 毫米 1/16 印张：6.25

字数：50 千字

ISBN 978－7－01－023678－0 定价：30.00 元

邮购地址 100706 北京市东城区隆福寺街 99 号

人民东方图书销售中心 电话（010）65250042 65289539